國學潮人誌

古人超有料

宋怡慧 著

推薦序：

永不過氣的閱讀，永不過氣的人

敏鎬的黑特事務所

我和怡慧老師不見已兩年餘，我最不能忘懷的，是她的背影。

「敏鎬，你是不是不知道怎麼開頭，所以想亂掰？」編輯冷冷地看著我。

「沒……沒有，絕對沒有。」因為被罵了，迫不得已，要正經推薦了。

其實我跟怡慧老師並沒有見過面（之前去高雄玩可能有看到背影），但拜緣分所賜，我無意間拜讀了老師（我跟編輯間都稱呼為怡慧女神）不少著作，那時便知道老師很擅長以溫柔婉約卻不失詼諧幽默的口吻去探索每一個人生的艱難主題。

而開啟這些主題討論的鑰匙，就是「閱讀」。

古文閱讀的推廣一直都受困於「時空」、「詞語」，我們沒辦法體會幾千年前古人的真正心態（當你帶著現在價值觀去解讀，你已經錯過事情的原貌了呀！）、也被大量的文言文詞彙語法整得七葷八素（萬惡的訓詁！），漢初古今文爭尚且如此，現代人又怎麼能避免「誤讀」這種尷尬處境呢？但「誤讀」這種尷尬並不是什麼壞事，也正因為這種「美好」的尷尬，閱讀這種「小小的叛逆」才在強調服從、紀律的人類生活中顯得彌足珍貴。

我很喜歡看電影跟 Youtube，前者可以用兩個小時讓你沉浸在一個夢裡，後者則是能用幾分鐘讓你獲得超乎意料的資訊跟娛樂。而閱讀往往要花上一兩個晚上，感覺貌似 CP 值不高。

那為何還要閱讀？閱讀對我們有什麼用？

原因無他，就是怡慧老師曾提到的：「讀懂人的元素，然後去讀自己。」

〈項羽本紀〉是我很喜歡的史傳文章，起先看到項羽見秦始皇出巡高呼：「彼可取而代之！」我心想這傢伙是在跩屁？人家一統六國你不過就一個鄉下沒落貴族，這勇氣是梁靜茹給你的嗎？到後來在鉅鹿之戰破釜沉舟、以寡擊眾，我看過不少楚漢相爭電視劇，但沒有一部能像司馬遷文章中描述得如此令人震撼。「項羽最得意之戰，太史公最得意之文。」看完當下我久久不能言語，因為相比懦弱的諸侯、混亂的年代，項羽的霸氣實在太耀眼、沉重！讓身為凡人的我只能一旁掩卷屏息。

再就司馬遷的身世結合起來，就不難明白他為何在項羽這個「失敗者」身上投注如此心力。從少懷大志到獲罪入獄，一生受盡屈辱（至於有多屈辱，怡慧老師書裡有介紹，小弟就不暴雷了）這些經歷，讓他比起成功者更能看出失敗者身上有多少可貴之處。項羽優柔寡斷、喜怒無常，卻又豪氣過人、霸氣無雙，細觀〈項羽本紀〉，直到烏江自刎的最後一幕，司馬遷依舊滿懷呵護看著這個自己筆下的英雄。正因為他和自己有很多相似之處，對命運的無奈、對自己的不甘，一樣的躊躇滿志，到頭來卻又一樣面臨挫敗。

「失敗者的璀璨，只有同為失敗者的人才懂。」縱使相差了幾千年，我們依舊能感受到太史公伏案的激動，這就是閱讀的趣味。擺脫正常思維的閱讀，讓我們除了接收資訊時，更會投入對主角的幻想、作者的了解、自己的反思。而比起電影跟網路影片，閱讀能給我們更多時間，更多和自己對談的時間。

從古人叛逆、創意的生活方式中，找到屬於自己的生活方式，就是我在怡慧老師這本《國學潮人誌》裡所看見的生存要訣。

「但古人離我們那麼遠？那些思維都過氣了吧？」這是另一個我常聽到的問題。

「過氣個屁，是你沒有重新感受。」我翻著白眼回答。

人類總是在進步，但某些部分仍不知長進，所以古人曾有的惆悵、困擾，現代人也無可避免。但在怡慧老師妙筆下，這本書除了教你用不同方式去解讀文本，更會深入去剖析古人的人格特質、生平經略、思想著述。十二位「文學潮牌」的生平傳奇，被精鍊地以星座跟時代串聯起來！更精采的是，許多古人的一言一行，無形中都牢牢契合住現在人的價值觀。讀完這本書，你可以去重新在眼前建構一個嶄新的古人。而親切又飽富生活感的譬喻，能讓閱讀者彷彿身歷其境，親自感受古人當下的思考掙扎、心路歷程，卻又不失趣味性。

想像一下，一個溫柔細膩的聲音，正向你娓娓道來，古今男女的悲歡離合、命運糾葛……（怎麼有點像八點檔旁白？）

「我就是不想照你們的陳腐方式寫考卷！」一個拒絕科舉的叛逆書生

正振筆疾書。

「我爸是你的死敵，但無奈我愛上了你。」宋朝版羅密歐跟茱麗葉悄悄上演。

「因為非本國籍要被公司開除，看我加倍奉還！」咸陽朝廷中，一場腥風血雨的官場鬥爭才剛拉起序幕……（古人的生平，真的比八點檔還離奇。）

在這本書中：孔子不再是教科書上遙遠的聖賢偉人，搖身一變成為「跨界思考」、「全人教育」、「領先業界幾千年」的超級教師；李煜也不僅是詩詞中悲催的亡國之君，而是走出華麗宮殿，找回自我的一介凡人；歸有光與他的神祕書齋，在平凡的家庭生活背後竟藏著字字血淚；蒲松齡多年應試不第，原因竟是他的才氣天賦和骨子裡的叛逆性格，一堆國文課本不會寫的事，通通都齊聚在此。

「原來姹紫嫣紅開遍，似這般都付與斷井頹垣。良辰美景奈何天，賞心樂事誰家院？」經典裡中的各種思想激盪、人生百味，無奈被升學主義跟枯燥背誦幽禁，令人拒之門外，像《牡丹亭》的麗娘般花樣年華卻只能枯坐大宅子裡發愁，而我們所能做的，就是輕輕敲開那扇門，用嶄新的心態去面對佳人，譜出和他人截然不同的戀曲。

倘若你厭倦了課本跟考卷？翻開這本《國學潮人誌》，絕對能幫助你撥開與古人之間的那層迷霧！

自序：

最有影響力的十二個文學潮牌

你相信，曾有十二個９４文學９４狂的潮牌，來勢洶洶地打敗過當代的文學名牌？

當「潮」效應席捲而來，你知道，哪些文學家曾經藉著自己的「潮」，掀起時代書寫的個人品牌嗎？

他們都不甘於複製別人，也曾是當時具有反叛、創意、年輕指標的人物。他們勇敢突破框架，樹立潮人物的典範形象。十二位文學潮牌，緊抓過無數「文學部落客」的眼球，他們背後代表的時代意義是：翻新文學的品味認知和世道人心的價值，引領風潮開創文學新時代。

十二位不同時代的古人，一字排開，彷若都具有某一個星座的獨特特質，讓十二星座的讀者從他們的生平故事、作品都能找到喜愛他們的理由。我們大膽地用現代語言與思維來進行作品的轉譯、解讀，發現他們不只超有梗，超有趣，超有料，簡直就是文學迷弟、迷妹們瘋狂跟風的偶像。

你還在等什麼？快和這些堅持潮感的古人們，手把手，戴上時代「潮」濾鏡，就會發現：他們善於遊走於不同符號的「翻玩」和「跨界」，走進他們的世界，你就能與之優游於文化潮牌的原鄉，找到彼此都能點頭認同的文學時尚！

孔子三千年前就預言：素養教學才是教育的潮牌，它會是不敗的金字招牌。他創立的學校是沒有校園藩籬的，他的學習是國際移動的，就像現在全球受人矚目的無校園大學 Minerva School。孔子教導學生跨域思考，帶著弟子周遊列國，建構現代人很需要的批判性思考和解決問題的能力，這些閃亮的特質都讓追尋理性思考的水瓶座追捧的。

蒲松齡是被科舉耽誤的短篇小說天才。不斷在考試跌跤的他，卻靠著寫故事勾起我們聽故事與說故事的欲望，哥非直線的人生，豐沛奔放的想像力，更是雙魚座容易愛上的小說家。他不只在小說題材開創異次元空間書寫，天馬行空的性格，反給筆下的花妖鬼狐栩栩如生的人情味，一如雙魚座常常說的：虛幻是現實生活的真正投射。全職小說家雖不是哥人生的選項，但人生沒有白走的路，《聊齋》變成他被我們記一輩子的標誌。

綜觀蘇軾的一生，熱情的文人性格，對世界充滿美善的想像，卻遭遇烏台詩案的生死風暴，他不再是自恃能呼風喚雨的才子，卻找到待人處事的豁達與慈悲。做事一向用情衝動的牡羊座，看見蘇軾的人生際遇與作品，望見赤子純真的誠摯，卻有學到風雨淬鍊過的智慧。蘇軾哥哥的特質不只讓牡羊座欣羨，也讓牡羊在抉擇前，找到何去何從的人生曙光。

司馬遷早在數千年前的漢代，就經歷過英國高中畢業生「Gap Year」的學習傳統，能在年輕的時候，離開舒適圈，背上行囊走遍中國的體驗，讓他找尋到史官的真正責任。司馬遷沒有跟著主流走，反而聽從內在鼓音，不只奠定史家書寫需具備史德的生命情韻，更吸引做事超有恆毅力的金牛座，學習太史公走上一條風景絕美的人生旅途。

孟子是高情商的溝通高手，犀利的見解和敏銳的觀點，讓他成為戰國思想家中得人心有套路的說話達人。每次看見孟子一說話，渾身充滿機智幽默的戲味兒，連打臉國君時也笑笑說——您不可以只想著霸道利益，你可要心存社稷百姓。雙子座會喜歡孟子秉持儒雅的風度，善用故事學的技巧，把對立的氣氛炒得輕鬆愉悅，雙子座善於變通，創意十足，孟子的說話術更讓善於辯論的雙子座有所啟發，讓論點與格局更大開大闔。

李煜既時尚又不花哨，看似浮誇卻不膚淺，表面玩世不恭，事實上是一個願意把身邊人照顧得妥妥貼貼的暖男。李煜的頹廢小壞，與人有著忽遠忽近的距離，是不是充滿神祕的魅力。你說，巨蟹座是不是會愛上這枚渾身暖暖的雅痞之帝。李煜在政治上雖不是千古之帝，但活得溫文優雅，不爭不鬥，是會讓巨蟹座想要伸出保護之手照顧他的雅痞之帝。

李斯是活得漂亮，走得鏗鏘的人，他從不認為標榜追求成功會是什麼罪？他功利地理直氣壯，此生總是風風火火的，高舉法家的大旗，向功利主義靠攏，甚至，靠著高超的口才，超級業務員的態度，跨國際為秦國招兵買馬、擴張版圖，掀起一陣大秦帝國的狂牌。獅子座的人從不向命運低頭，就像李斯一輩子不怕輸，只怕自己先低頭認輸，在他眼中沒有做不到，只要我願意，你看，你看，這多像獅子座會喜歡的朋友類型呀！

李清照自從發了〈如夢令〉這闕詞後，就圈出一批忠實的粉絲，不只一路應援她，有她出現的地方，就永遠舉「我愛清照」的手牌，大喊：「清照」加油，要勇敢做自己喔！被封為詞壇永遠國民美少女的李清照只要在文學ＩＧ發個圖，貼闕詞，人氣就擠癱了伺服器，一點都不輸我們的志玲姊姊，難怪榮登宋代詞壇婉約派的第一名。李清照的粉兒中，就屬處女座人數最多了，李清照外表看起來傻呆萌，不只符合處女座天生追尋純真完美特質的習慣，骨子裡卻是有原則，有個性的人，這種外柔內剛的人就能博得處女座的青睞喔！

陶淵明在理想與現實，尋找平衡。他糾結過是該安靜地離職？還是勇敢地撐下去？陶淵明要求的不多，只希望能在上班刷一下認同感或存在感，只是，上司都不給他機會。給過自己工作底線的陶潛，不想被為官的命運打趴，隱逸人生讓焦慮與苦悶有了出口，終於可以優雅過日子。天秤座這一生都在進退之間糾結，看到不當官也很紅的魯蛇奇蹟，是不是心有戚戚焉？陶淵明雖不能完成淑世濟人的夢想，還是用心投資自己、經營自己的人生，這點可是天秤座最認同的人生價值呢！

關漢卿，戲曲界的一哥，永遠維持神祕的形象，但他卻用一輩子來告訴世人，與生俱來的戲曲魂，他是有多愛劇班人生。跟著哥在戲場打滾的人，哪一個不是因為哥陪他們苦過、熬過，才有機會一直走在劇場夢想的路上。天蠍的你，看到關漢卿的戲曲人生，是不是很有感。當別人不看好你時，關漢卿做出了態度，他就是要謝謝那些酸他、黑他的人，沒有那些狠狠的打擊，他就無法躍上國際舞台，活出耀眼的自我。關漢卿的戲夢人生真的對天蠍的你而言，是超級有故事又吸睛的潮牌呀！

白居易堪為全世界最好「聊」的男神，他真誠的本性，重視別人的感覺，超會聊的獨有撩人術，不論是情感帳戶或是人際存款，哥的投資眼光精準，打造真正有用的人脈，連在路上遇見素昧平生的琵琶女，走過、路過，絕不錯過，以「同是天涯淪落人」為連結，為她留下千古流傳的〈琵琶行〉。射手座的你，看到比自己還厲害的社交高手了吧！哥的絕招你可要學起來，他不只撩人，還讓社會議題都變成老嫗能解的話題，喜歡製造話題的你，不只要驚呼「猴腮雷」，更要好好學個幾招才行！

歸有光具有黑就是黑，白就是白的文人風骨，三十五歲中舉人，六十歲中進士，在仕途這條路，他寧願熬得久、蹲得低，也要贏得真實的光榮！他曾是不被命運眷顧的邊緣人，卻善用「宅」出來的耐力，創造明文新趨勢的一哥。魔羯座的人是不是很喜歡歸有光這種非到關鍵時刻，絕不會大動聲色的性格？尤其，摩羯座的你也找到光哥和你最像的地方就是：你們從不模仿他人，卻把專業做得有聲有色，一如歸有光能把尋常的家庭瑣事寫成轉載破千萬的爆紅文〈項脊軒志〉。

謝謝十二位了不起的文學家們，謝謝他們永不放棄對文學的嶄新想像與生命情態的堅持。從他們受過的傷，摔過的跤，彷若有光，讓我們找到生命更好的模樣。

這些在會考國文、學測國文、統測國文，最常被圈考的十二位文學家們，因為升學主義的魔咒，過去的文學巨人頓時被人人喊打了。當經典的文章變成考試素材後，閱讀作品的時光竟變得枯燥無聊起來。

被誤讀的文學家們，留下的不該是背誦的煩悶，而是在歷史長廊綻放的萬丈光芒。期待大家能在閱讀完這本書後，不再拘泥於考卷題目的對與錯，而是真實感知到他們穿越時空與我們進行生命對話的溫柔。每位文學家不只是時代潮牌，若把他們放在星座地圖上，每個古人的生存之道，除了各領風騷數百年，也能帶給十二星座的我們與自己對話、與他人溝通、與世界互動最好的品牌哲思吧！

目次

推薦序：永不過氣的閱讀，永不過氣的人／敏鎬的黑特事務所　3
自序：最有影響力的十二個文學潮牌　11
地表最強的國際學校總裁——孔子是教師界的網紅　25
選文：《論語》摘選
他靠輸贏得人生的勝局——異次元空間書寫者蒲松齡　53
選文：《聊齋誌異》摘選〈葉生〉

他並不完美，卻是好感度最高的潮男——第一名的圈粉高手蘇東坡 77
選文：〈前赤壁賦〉
在世界的喧囂之外——安靜做自己的司馬遷 101
選文：〈報任安書〉
戰國奇葩說盟主——予豈好辯哉的孟子大大 133
選文：《孟子》摘選
因詞而生的佛系雅痞皇帝——官三代的模範生李煜 153
選文：〈相見歡〉

如何讓老闆離不開你？——李斯的說話術讓你贏得主管緣 177
選文：〈諫逐客書〉
史上最萌的國民女神——李清照的美麗與哀愁 197
選文：〈武陵春〉〈鳳凰台上憶吹簫〉
厭世隱者養成記——陶潛做自己的勇氣 217
選文：〈桃花源記〉
熱門雜劇手藝人的職人路——東方的莎士比亞關漢卿 241
選文：《竇娥冤》第三折「六月飛雪」一段

搞熱它！不怕冷場的社交男神——白居易好人緣的吸引力法則　269
選文：〈琵琶行〉
宅男不壞卻惹人愛——歸有光的安靜魅力　289
選文：〈項脊軒志〉
108位國內外名人、校長、主任、教師　強力推薦　314

星座分析

水瓶座的你會愛上這樣的孔子？

水瓶座是公認不走在社會規則的前衛者，就像孔子提倡「有教無類」的教育觀，最後還自行創辦私學。不過，水瓶座是以保守性格追求自由，開放且踏實地往理想前進，這與儒家的處世之道是不謀而合的。

孔子不只具備批判思辨的能力，還開辦全球第一所素養國際學校，主張無論貴賤貧富，每個人都有親近知識的權利。同時，重視利用啟發，適性引導學生思考——不憤不啟，不悱不發的教學思維，因而孔子門下的學生，猶如百花齊放，各自美麗。做事具有前瞻性、獨創性的視野的水瓶座，不只傾心於孔子「因材施教」，有強大的識人天賦，也能同理孔子說「吾少也賤，故多能鄙事」的心境，畢竟水瓶座有顆善於探索的好奇心，樂於享受孤獨的時刻，當孔子說出「三人行必有我師」、「發憤忘食，樂以忘憂，不知老之將至」的觀點時，就立即擊中水瓶的心。

水瓶座不只博學多聞，也勇於突破自己，被譽為天才星座的瓶子，對這位高深莫測、智慧爆表的孔子，一定會瞬間被圈粉，不知不覺就愛上這位潮味十足的至聖先師。

地表最強的國際學校總裁——孔子是教師界的網紅（上）

十二年國教新課綱規畫在一百零八年正式上路，靠的是全球第一的素養課程，這波教育新浪潮，撼動從小學到大學的教育現場，它帶來的變革是「一生一課表」。看似顛覆家長及一線教育工作者的教育革新，但早在二千多年前，孔子就搶先為素養課掛名推薦，不僅身體力行，還開設一間地表最強的跨國教育學校，並由弟子與時人即時集資，推舉他擔任總裁。

孔子的跨國教育學校為何可以圈粉三千？那些慕名而來、拋家棄子的海內外留學生，有的出身寒門，有的可是富二代，孔子有什麼魅力，能讓這些迷弟們愛得七暈八素的？這樣的教育總裁靠的是，神腦教學的素養課程，不只讓學生包吃包住，還能出國進修跨領域探究實作主題課程。

●不以賺錢為目標的學校？

孔子名丘字仲尼，春秋末期魯國陬邑（今山東曲阜）人，祖籍宋國栗邑（今河南夏邑）。孔子開創私人講學的風氣，倡導仁、義、禮、智、信。孔子首開私人講學之風，雖沒有官方ＩＳＯ認證過，卻是前所未有、獨一無二的學校。孔子大膽地開辦領跑時代學習的素養學校，它不以賺錢為目標，而是以培育為國家服務的士階級（有德的君子，或是官員）為目標。你說，這所學校的理念是不是很新潮，很不一樣？（大壯會陪孔子一起唱著：我們不一樣，每個人都有不同的境遇。我們在這裡，在這裡等你……）

它不只像現在備受全球矚目的無校園大學 Minerva School 前衛，可以讓學生在不同國家學習，最重要的是學生各個誇他教學方法好，效率高，成效快，最重要的是，還讓他被票選為萬世師表，奠定這所國際學校素養教學的權威性。

孔子本身是流落民間的沒落貴族，開設學校的宗旨是「有教無類」、「因材施教」，佛心來著，讓受教育的範圍從貴族擴大到平民。他認為：上天沒有給你一個富爸爸，「補」要緊，咱們透過素養課程，讓你華麗變身。

孔子的國際素養學校最重視公民意識×道德力，他說：「弟子入則孝，出則弟，謹而信，汎愛眾，而親仁。行有餘力，則以學文。」這個跨國國際學校把道德教育擺第一，奠定中國後代對士階級的標準是文德兼備、為學利他的重要價值觀，也讓他和蘇格拉底並稱東西方教育圈最閃亮的超級明星。

●國際素養課程很另類

《刻意練習》提到：找到天賦，不如找對方法！天才與庸才之間的差別不在基因、不在天分，在「刻意練習」。孔子根據這樣的理念，開設的課程就很另類，是讓你刻意練習的適性揚才、人生方向素養課，就像《論語・述而》：「子以四教，文、行、忠、信。」「文」是「文學」；「行」是「德行」；「忠」是「政事」，為政不可不忠於所事；「信」是「言語」，因人不可言而無信。由此可知，孔子開設「文、行、忠、信」四種素養的訓練課程，讓學生在「德行、言語、政事、文學」等方面，展現自己擅長的才能並擁有成就。孔子素養學校最有利的招生人形立牌是4Q達人顏淵，他是孔子學生中最具指標性的人物，顏值高，性格又好，最大的缺點就是完美到找不到缺點。

●IQ智力好智慧

子謂子貢曰：「女與回也孰愈？」對曰：「賜也何敢望回！回也聞一以知十，賜也聞一以知二。」子曰：「弗如也！吾與女弗如也。」（公冶長第五）

孔子曾問聰明的子貢，他和顏回誰聰明？子貢稱讚顏回聰慧，能聞一知十，連孔子都說自己遠遠不及顏淵。顏淵的博學多聞，讓孔子對他的高智慧讚不絕口，也讓師兄弟個個望塵莫及。

●EQ情緒好個性

子曰：「吾與回言終日，不違如愚。退而省其私，亦足以發。回也，不愚。」（為政第二）

他終日陪侍在孔子的身邊，安靜地聆聽老師的教言，沒一句問難的話，彷彿是個遲鈍的愚人；孔子卻私底下仔細觀察他的言談舉止，以及與同學對談的內容，卻發現他總能將孔子對他闡述的旨意和義理，發揮得十分恰當。從這裡可以見出顏淵的情緒很平穩，不躁進，就是典型大智若愚的高情商。

●MQ道德好品行

顏淵個性內斂，孔子問弟子志向，顏淵說：「願無伐善，無施勞。」（公冶長第五）

顏淵一向表裡如一，不誇耀自己的才能，也不彰顯自己的功勞，就是默默行善，自我精進的利他實踐家。

●AQ逆境好樂觀

子曰：「賢哉，回也！一簞食，一瓢飲，在陋巷，人不堪其憂，回也不改其樂。賢哉，回也！」（雍也第六）

顏淵身處物質惡劣的環境，卻從未有憂愁之心，也從未忘記初衷，面對困難仍能樸素自持，真是少私寡欲的逆境達人。

●火爆一哥如何教

宰予生性聰明慧黠曾受孔子的喜愛，但宰予火爆性格，甚至曠課睡覺，我行我素的態度，讓孔子「森七七」大罵：「朽木不可雕也，糞土之牆不可圬也！」宰予的叛逆，來自懷疑精神，孔子把他帶進帶出，用身教去影響他，最後也讓他位列「孔門十哲」之一，一如《論語．先進》：「德行：顏淵，閔子騫，冉伯牛，仲弓。言語：宰我，子貢。政事：冉有，季路。文學：子游，子夏。」

●一句入魂的表達力

孔子算是老師界表達力一流的，他不說則已，一說驚人，再複雜的事都能講清楚。《論語．為政》：「子張學干祿。子曰：『多聞闕疑，慎言其餘，則寡尤；多見闕殆，慎行其餘，則寡悔。言寡尤，行寡悔，祿在其中矣。』」

意思是：自己不懂的多聽聽別人的意見或建議，自己盡量少說，那麼抱怨就少了，自己不懂的多去見識，謹慎自己的行為，後悔的事就會少了。說出的抱怨少了，後悔的行為也少了，那麼就能從經歷中獲得成功。也就是說我們要多聞多見，慎言慎行，那麼成功就離我們不遠了。他提出表達的受益關鍵是傾聽。《論語．衛靈公》：子曰：「可與言而不與之言，失人；不可與言而與之言，失言。知者不失人，亦不失言。」

意思是：孔子說：「可以同他談的話，卻不同他談，這就是失掉了朋友；不可以同他談的話，卻同他談，這就是說錯了話。有智慧的人既不失去朋友，又不說錯話。」你要三思而後言，失言就會失去朋友，開門見山地說出重點，站在別人的立場，別人才會想把你的話聽進去，也才會把你當朋友。

●從知識技能培養價值、態度

翻開孔子課室的課表，你會驚豔他培育人才真的是三有：有用、有趣、有梗。他先側重知識性的闡述，《史記．滑稽列傳》孔子曰：「六藝於治一也，《禮》以節人，《樂》以發和，《書》以道事，《詩》以達意，《易》以神化，《春秋》以義。」透過六經的傳授，讓學生的思考更具邏輯思維性。接著，再從「六藝」為技能打底，《周禮．保氏》：「養國子以道，乃教之六藝：一曰五禮，二曰六樂，三曰五射，四曰五馭，五曰六書，六曰九數。」接受教育的國子（周王室及公卿大夫的子弟）必須以「禮、樂、射、御、書、數」等技能奠基，因此，孔子的國際素養學校把平民打造成擁有貴族氣質的教育園圃，讓弟子透過知識、技能的洗禮，從麻雀搖身變鳳凰。最後，透過生活禮儀輔以詩歌、音樂、舞蹈等樂藝，作生活素養的基石，從中發展出樂德、樂語、樂舞的素養與文化。

地表最強的國際學校總裁——孔子是教師界的網紅（下）

孔子若能穿越時空，不只能全面解析教育新政策，還能告訴你怎麼做才叫做「素養」？如果，我們從飲食這件小事，就能看出，孔子的國際素養學校，有多體現新課綱的精神。

《論語．鄉黨》：「食不厭精，膾不厭細。食饐而餲，魚餒而肉敗，不食。色惡，不食。臭惡，不食。失飪，不食。不時，不食。割不正，不食。不得其醬，不食。肉雖多，不使勝食氣。惟酒無量，不及亂。沽酒市脯不食。不撤薑食。不多食。祭於公，不宿肉。祭肉不出三日。出三日，不食之矣。食不語，寢不言。雖疏食菜羹，瓜祭，必齊如也。」

意思是：糧食盡量精巧，肉類盡量細緻。變質的東西不吃；變色的東西不吃，變味的東西不吃；烹飪不好的東西不吃；不是吃飯的時間不吃；切的不好看不吃；調味品不好不吃。肉類雖多，但不要吃過量。只有酒不限量，但不要喝醉。從集市上買來的酒肉不吃；每餐必有薑，但不宜多吃。參加國家的祭典，分得的祭肉，不留過夜；家裡的祭肉，不留超過三日。東西過了三日，就不吃了。吃飯時，不說話；睡覺時，不說話。即使是粗茶淡飯，飯前也要祭一祭，像齋戒一樣心存肅穆。

這段文字曾被稱為「孔子食道」，讓孔子被誤讀成有公主病的「吃貨」。其實，讓正確的飲食知識，透過學習遷移，變成日常生活能體現的「食道」，才算是帶著走的素養課程吧。

●系統思考×跨域力

孔子提出「十不吃」，看起來好像是講究精緻飲食的拜金男，深究文字，其實展現的是孔子的系統思考力。他從傳統祭祀跨域到飲食安全，這段食安懶人包不只先進又合理，還兼具科學思維：病從口入，禍從口出。從科學觀點提出飲食安全的觀念，如趙榮光說的：《論語．鄉黨》談的是祭祀，而不是烹飪。食不厭精，是指祭祀桌上的米飯，要粒粒飽滿完整，膾不厭細，是說祭祀桌上的肉品（牛肉），要盡量切得薄透均勻，兩者都用來表示對祖先的虔誠。孔子根據社會背景，生活狀態，系統歸納祭祀之後，食品衛生、養生保健的看法。他提出禮制和食安的配搭：食物變味了，不能吃；食物顏色變了，不吃；味道變的食物，不吃，告訴弟子或時人，飲食的基本常識，亦是養生之道。從孔子的提醒理解到：腐敗的食物會讓人腹瀉喪命；烹調方式與時間不對，無法展現調理的專業與衛生學的精進。這段文字與人工智慧時代對飲食衛生的要求很接軌，不只先進又合理。

●身心素質×精進力

孔子是典型的只有自己能超越自己的智者。

孔子認為：「敏而好學，不恥下問」能達到見賢思齊、不斷進步、積極行動的身心素質。不恥下問是虛心求教、尊重他人的實踐，具有人我的感受力提升。一如「質勝文則野，文勝質則史。文質彬彬，然後君子」。一個人順應天生樸素的本質，加上後天學習，讓自己身心精進，擁有美好文采。

葉公問孔子於子路，子路不對。子曰：「女奚不曰：『其為人也，發憤忘食，樂以忘憂，不知老之將至云爾。』」（論語．述而）

孔子對精進不已、不斷自我提升的求知熱情，從「發憤忘食，樂以忘憂，不知老之將至云爾」的自我詮解，就能一窺。孔子一生對身心精進的鍛鍊，從未鬆懈，總抱持高昂的鬥志，終能不斷地自我超越。

●規畫執行×應變力

孔子做事強調知止權變的規畫執行力，他告訴學生「行為」要有分寸與分際，其中關鍵是應變力。從「恭而無禮則勞，慎而無禮則葸，勇而無禮則亂，直而無禮則絞」可知：只有恭敬而無禮則會徒勞無功，只有謹慎而無禮則膽怯懦弱，只有勇猛而無禮則容易闖禍，只有直率而無禮則尖酸刻薄。表面上，恭敬、謹慎、勇敢、直率都是一個人的美德，若沒有禮的節制，容易流於固著，人際相處就會產生摩擦。因此，孔子提醒弟子：因應環境的改變做好權衡與應變，規畫執行的時候，善於感受他人的需要，而不是自顧自地給，恰當的行為是「約之以禮」的應變力。

●媒體素養×生活力

孔子對子路說過：「知之為知之，不知為不知，是知也。」〈為政第十七〉這是他教導學生對於訊息判讀的準確性，對事求真求實，虛心求知的態度。因此，「毋意，毋必，毋固，毋我」是讓自己不固執己見，具備媒體素養，就不會人云亦云，更不會單憑流言、想像臆測，成為無心抹黑他人的流言蜚語製造機。因此，就具備胡適「大膽假設，小心求證」的客觀求知態度，對於任何資訊、人言，都需抱持求真、柔軟的態度，方可與時俱進。一如王國維《人間詞話》提到：「以我觀物，物皆著我之色彩。」當你跳脫個人立場，才能用同理心接納萬物，放下我執，讓孔子具有「物我合一」的生活力。

●藝術涵養×美感力

孔子美學思想是「美」與「善」的合體，美不只要精神愉快，更是「美」與「善」、「質」與「文」的合一。《論語．述而》：「志於道，據於德，依於仁，游於藝。」孔子的藝不只是「技能」與「知能」，更是美善合一的美感力。孔子重視審美與藝術陶冶與協和，藝術涵養對社會和諧具有積極作用。《論語．先進》：「『點，爾何如？』鼓瑟希，鏗爾，舍瑟而作。對曰：『異乎三子者之撰！』子曰：『何傷乎？亦各言其志也。』曰：『莫春者，春服既成，冠者五六人，童子六七人，浴乎沂，風乎舞雩，詠而歸。』夫子喟然歎曰：『吾與點也！』」孔子對於曾皙的人生志向，大大地按了讚，能夠把人生「志道」與生活「游藝」的關係，做了巧妙地連結與點播，更體現：治國之道在禮樂教化，而「游藝」更是達到禮樂治天下的最高境界。

孔子要弟子將所學運用於無形，將生活的美學力轉化成對自覺與人性的連繫，更是展現「人之所以為人」的獨特美。

●人際關係×合作力

人不能獨居而無友，從個人到群體，從家庭、社會到國際，都具有很密切的關係。儒家思想把人際關係歸結為五倫：夫婦、父子、兄弟（姊妹）、君臣（領導與下屬）、朋友的關係，也有相關規準。孔子處理五倫以外的人際關係時，具體提到的原則是「義」。一如〈為政第二〉提到：「見義不為，無勇也。」因此，孔子認為：義者，宜也，宜就是應當做的事，作為一個社會成員應善盡自己的義務，這也是與人合作的第一要件。

另外，《論語．子路》提到：「子曰：君子和而不同，小人同而不和。」意思是說：「孔子說：君子在人際交往中，能夠與他人保持一種和諧友善的關係，具體的看法不一定要苟同對方。小人習慣於迎合別人的觀點，附和別人的言論，但內心深處卻不抱和諧友善的態度。」因此，孔子認為：與人合作的第二要件是朋友交往，貴以誠信相待。唯有彼此信任，才能建立長久的合作關係。

另外，善選志同道合的朋友——君子以文會友，以友輔仁（《論語．顏淵》），才能彼此精進、互相學習。再從《論語．鄉黨》：「朋友死，無所歸，曰：於我殯。朋友之饋，雖車馬，非祭肉，不拜。」孔子與朋友的交往，絕不只是酒肉之交而已，人際往來重在患難與共，相互扶持，就像孔子看見朋友死後，無人辦理喪事，主動代為殯殮安喪，孔子送出的暖暖情意是人際關係的最高友情。

●多元文化×行動力

從現代角度看來，孔子帶弟子實踐以簡單貧窮的方式旅行，從中改變自己的見聞，旖旎古代「壯遊」（Grand Tour）的美麗風景。素養學校的跨國學習，不僅有企業家支持，連門下弟子也募資支持孔子。如南宮敬叔為老師考察之旅，準備食衣住行育樂的五星級套裝服務，不只讓孔子成功拜訪老子、萇弘等名師，還時時有人替他拍照打卡，留下踏查紀錄。

孔子五十五歲離開舒適圈，帶著弟子周遊列國，遊歷時間「長」、行程挑戰性「高」、與人文社會互動「深」，跨國界的學習，孔門師生體現多元的文化，並以考察互訪的方式，宣講儒家思想。

周遊列國期間，孔子所到之處如颳起明星旋風，見面會幾乎場場受到高規格接待，例如，齊王對孔子十分景仰禮遇，卻與宰相晏子有了嫌隙，因而無法促成合作。分道揚鑣後，孔子一行還是把溫暖留在對方心底，讓人念念不忘。這場歷時十多年的壯遊，卻讓他們遭逢生命大劫：《論語・衛靈公》：「在陳絕糧，從者病，莫能興。子路慍見曰：君子亦有窮乎？子曰：君子固窮，小人窮斯濫矣。」

孔子一行人，走在陳蔡邊境，得不到他人援助，七天下來，師生都面臨吃不飽、穿不暖的窘境，遊學的亂流，讓子路開始生氣地質問孔子：致力於敬德修業的君子，也會遇到窮途末路的時候嗎？孔子說：「君子雖窮困，但窮困卻不會失去志向；小人一旦窮困了，就自暴自棄、一蹶不振了。」

孔門弟子周遊列國的過程，長時間遊歷，具備國際文化的理解力，不只與當地君民有深層互動，更讓自己轉換時空去沉澱、反思自己的人生價值。

●為素養學校代言超過二千年

孔子不只樹立古代希望工程的高門檻，還讓人生厭世族，逆轉為人生勝利族，例如，子貢在沒拜孔子為師前，只是個會做生意的商賈，在孔子潛移默化之下，成為儒商的創始人，遵循師訓：君子愛財，取之有道，講究誠信商風，被尊為「端木遺風」。

孔子對人類大腦信息的訊息量，也頗有研究，他理解大腦科學提到的：人類的大腦一次最多只能接受一百四十個字，總裁說話總是很精簡，含金量超高的語錄體，變成後世教學者學習的指標。

孔子不只是至聖先師，更是二千年前社交平台微博體、ＩＧ體的先行者。孔門三千學生，不只力行素養課程的推廣，也不斷讓孔子的言行事蹟在讀書社群圈不斷被瘋傳，時時被 Tag，常常被看見。直至漢代還不斷製造出夯版話題，還被董仲舒喊出高口碑，讓漢武帝決定成為「獨尊儒術，罷黜百家」一夕又再次爆紅，成為無人不知的教育學校總裁。甚至到宋朝還有「半部論語治天下」的美名，靠著孔子的文字撐腰，還可以治理好國家。怎麼樣？信了孔子的素養學校了吧，有這樣牛逼的代言人，素養課程再跨時代、跨國紅個千年、萬年，也會是風風火火呀！

《論語》摘文

（一）

子路、曾皙、冉有、公西華侍坐。子曰：「以吾一日長乎爾，毋吾以也。居則曰：『不吾知也！』如或知爾，則何以哉？」子路率爾而對曰：「千乘之國，攝乎大國之間，加之以師旅，因之以饑饉；由也為之，比及三年，可使有勇，且知方也。」夫子哂之。「求！爾何如？」對曰：「方六七十，如五六十，求也為之，比及三年，可使足民。如其禮樂，以俟君子。」「赤！爾何如？」對曰：「非曰能之，願學焉。宗廟之事，如會同，端章甫，願為小相焉。」「點！爾何如？」鼓瑟希，鏗爾，舍瑟而作。對曰：「異乎三子者之撰。」子曰：「何傷乎？亦各言其志也。」曰：「莫春者，春服既成。冠者五六人，童子六七人，浴乎沂，風乎舞雩，詠而歸。」夫子喟然歎曰：「吾與點也！」三子者出，曾皙後。曾皙曰：「夫三子者之言何如？」子曰：「亦各言其志也已矣。」曰：「夫子何哂由也？」曰：「為國以禮，其言不讓，是故哂之。」「唯求則非邦也與？」「安見方六七十如五六十而非邦也者？」「唯赤則非邦也與？」「宗廟會同，非諸侯而何？赤也為之小，孰能為之大？」（《論語．先進第十一》）

（二）

子貢問政。子曰：「足食，足兵，民信之矣。」子貢曰：「必不得已而去，於斯三者何先？」曰：「去兵。」子貢曰：「必不

得已而去，於斯二者何先？」曰：「去食。自古皆有死，民無信不立。」（《論語‧顏淵第十二》）

（三）

曰：「富與貴，是人之所欲也，不以其道得之，不處也；貧與賤，是人之所惡也，不以其道得之，不去也。君子去仁，惡乎成名？君子無終食之間違仁，造次必於是，顛沛必於是。」（《論語‧里仁第四》）

星座分析

雙魚座的你會愛上這樣的蒲松齡？

雙魚座天生浪漫，面對生活總是卡關，柴米油鹽醬醋茶的細瑣，總是很不上心。擺渡在科舉與小說之間的蒲松齡，掙扎在現實與夢想之間的魚兒，是不是就像最佳拍檔。

雙魚座一直想要務實點，卻被天馬行空的性格，搞得事事力不從心。蒲松齡將一生得來的鬼怪奇文、妖狐異事，不斷加以改造、增潤，融入當代的民風世態，成功地把文學與藝術結合成一本曠世奇書。可惜的是，他忘記真正要勉力的，是自己在科舉仕途的上進心。

蒲松齡以「病瘠瞿曇」降生來自

況，把出生給神化了，這是雙魚座會喜歡的想像力。蒲松齡追到夫人劉氏，靠的不是山盟海誓的甜言蜜語，而是把對方放在心裡的愛情密碼，溫柔的個性，溫和的笑容，總是點頭的傻氣，是雙魚男會使用的撩妹伎倆。

生性敏感、情感豐富的蒲松齡一生都在考場奔波，屢屢自認會榜上有名，但命運卻沒讓奇蹟發生。蒲松齡的人生讓雙魚座有被撫慰的溫柔，他們都懂置身在創作的世界，內在會霎時安穩，彷彿尋覓到心靈停泊的渡口。

雙魚座懂蒲松齡的我行我素、不合群的傲嬌，是性格存有的偏執。因為魚兒們也是這樣思考生命的。蒲松齡從年輕到老去，總繞著《聊齋誌異》打轉，凡事追求完美的雙魚一定會秒懂這份心屬於你的靈犀吧！

他靠輸贏得人生的勝局
——異次元空間書寫者蒲松齡

●學霸轉呀轉的七彩「奇異筆」

一個曾被山東學界稱為最會考試的學霸，十九歲的少年天才蒲松齡初應童子試，便不負眾望，以縣、府、道（在淄川縣、濟南府、山東省）三試第一進學，成了眾所矚目的新秀。

少年得志的蒲松齡遇見此生唯一的生命伯樂，他是山東學政施閏章。蒲松齡大膽地在八股文的格式中，瀟灑地寫出近乎記敘體的文章。主考官不只沒有判他出局，看完反而驚為天人地給出了「名藉藉諸生間」的讚譽，甚至在批語中說：蒲松齡的文章是「空中聞異香，百年如有神」、「真足以維風移俗」、「觀書如月，運筆如風，有掉臂遊行之樂」。

主考官施閏章替他獨樹一格的文章背書，讓他成為名滿天下的寫作天才。學霸頭銜讓蒲松齡的好運來得太早也太急促，這次的榮耀加身彷若用罄未來顯達的可能。終其一生，蒲松齡沒有再領過任何一張八股考試錄取的合格書，也沒有享受過和「恭喜」再次遇見的驚喜，只有不斷在科舉考試的奔波中，安頓自己落榜的傷心、失落的惆悵。

如果說，科舉考試是培養人才的搖籃，蒲松齡這個天才是生不逢時了。八股文的取士調調，根本不是哥能寫的文；官場的闇黑險惡，也不是哥能撐起的局。有人說，是施閏章的破例惜才，給了哥一個揚名立萬的起點，這個起點卻是蒲松齡仕途之路的終點。

蒲松齡誤以為每個考官都該是施閏章，一生都寫自己想寫的「聊齋文」，而不是主考官想看的「科舉文」。他在〈蒙朋賜賀〉詩中，坦露自己的心事：「落拓名場五十秋，不成一事雪盈頭。腐儒也得賓朋賀，歸對妻孥夢亦羞。」蒲松齡七十多年的人生，努力不懈地追求一個難圓的科舉夢，上天沒給他機會實現，反給他一個窮困潦倒的生命出口——從失敗中發揮天馬行空的故事力，完成一部充滿異次元空間想像的《聊齋誌異》。

或許，學霸蒲松齡在考場與官場的雙雙失意，卻在《聊齋誌異》找到寫作持久的熱情和儒士堅持的毅力，讀者喜歡《聊齋誌異》的原因，應該就是哥發揮以輸為贏的想像「奇異筆」。一如豪爾赫．路易斯．波赫士（Jorge Luis Borges，1899-1986）說的：「《聊齋》使人依稀看到一個世界上最古老的文化，同時也看到一種與荒誕的虛構的異乎尋常的接近。」這世間的真與假，得與失，哥的《聊齋》早已做出最好的人生選擇與詮釋。

●偏離科舉跑道的天才

蒲松齡年輕時的偶像是唐代履仁蹈義、滿身是膽的郭子儀，郭天王不只為唐代立下赫赫戰功，他的品德高尚成為文武將領的學習楷模。滿腹實學的蒲松齡把夢做得那麼大，目標設得那麼高，足見他是有才、自負的人。

蒲松齡的祖父蒲生汭，即便知識淵博卻未能如願考取功名，父親蒲槃因家境日漸貧困，無力突圍，只能棄儒從商。蒲家對於一直久攻不下的科舉考試，心中是藏有深深的遺憾的。因此，中舉成名、光宗耀祖的使命成了蒲松齡一生的夢魘。但是，這個無解的結，到了蒲松齡死前仍未能解開。科場、官場屢戰屢敗的窘狀，哥的渺渺功名路也在他臉上蒙上晦澀與難掩的自卑感。鄉試屢次不中帶來的打擊，四十六歲被補為廩膳生，七十一歲被補為貢生，僅靠教書、幕僚之職勉以餬口，維持家計。

最苦的時候，他寫過一篇〈除日祭窮神文〉：「窮神，窮神，我與你有何親，與騰騰的門兒你不去尋，偏把我的門兒進？難道說，這是你的衙門，居住不動身？你就是世襲在此，也該別處權權印；我就是你貼身的家丁、護駕的將軍，也該放假寬限施施恩。你為何步步把我跟，時時不離身，鰾粘膠合，卻像個纏熱了的情人？⋯⋯今日一年盡，明朝是新春，化紙錢，燒金銀，奠酒漿，把香焚。我央你離了我的門，不怪你棄舊迎新。」

如果，他的遭遇不被冠上魯蛇的頭銜，誰又能被稱上魯蛇一詞呢？

蒲松齡天生愛幻想，愛讀書，也愛聽故事，他的世界不是你的世界，他的想像力堪稱地表最爆表的，是史上最會寫故事的男神。他寫出的《聊齋》，讓人出乎意表、大呼過癮，真的不是浪得虛名的。就像賈伯斯（Steven Paul Jobs，1955-2011）說的，最有影響力的人，就是會說故事的人！

《聊齋誌異》初稿完成於蒲松齡四十歲左右，後來，持續修訂潤飾直至去世前。蒲松齡創造故事吸引力的核心是「孤憤」，一如〈聊齋自誌〉提到：「獨是子夜熒熒，燈昏欲蕊；蕭齋瑟瑟，案冷疑冰。集腋為裘，妄續幽冥之錄；浮白載筆，僅成孤憤之書。寄託如此，亦足悲矣！嗟乎！驚霜寒雀，抱樹無温；吊月秋蟲，偎欄自熱。知我者，其在青林黑塞間乎！」意思是：在這寂寞而黑暗的子夜，燈火昏暗，燈芯結成燈花，像要熄滅；書齋寒意瑟瑟，書桌摸起來冷寒如塊冰。書寫的題材與內容積少成多了，我就妄想能寫劉義慶《幽冥錄》的續編；拿起酒杯繼續寫作，期待能醞釀成像韓非子的〈孤憤〉的篇章；在寒夜裡寄託孤憤於文字中，是件讓人傷懷、傷感的事情。哎！寒霜驚動雀鳥，棲息在樹枝上，卻感覺不到枝叢的溫暖；對月傷懷的秋蟲，依著欄杆，在獨唱的歌聲中得到鼓舞自己的熱度。這本書也是在這樣的心情與氛圍中寫成的，知道我的心意，或許就是遊蕩在青青楓林、黑地關塞的幽魂吧？

一個偉大的小說家面對貧困的挑戰，科考不得志的淬鍊，在尋常生活中，找到非日常的素材，以超常的天賦，非常的想像，為我們留下這部因夢想而偉大的文學巨作。蒲松齡科舉與官場的失意，反讓他的《聊齋誌異》在中國文學史稱霸一方，甚至衝出國際，影響後世甚鉅，讓《聊齋》在中國的地位，猶如《一千零一夜》在西方的文學成就。

當蒲松齡娓娓道來地寫著，寫著，面對世態淒涼的痛苦，不見了；創作的孤獨和寂寞，被撫慰了；蒲松齡並沒有忘記為何而寫，因誰而寫的小說家使命？過去曾困惑以及來自於無解的、難受的、憤恨的——人生怎麼這麼難，好像都可以交給《聊齋誌異》來解決！

卸下高傲的讀書人身段，努力和群眾坐在一起，生活在一起，他們的故事就是世代真實的聲音與解藥。就像魯迅在《中國小說史略》中說：蒲松齡的《聊齋誌異》是「專集之最有名者」。偏離科舉跑道的天才，最後靠輪為自己的人生搏回真正的面子和裡子，箇中原委是什麼呢？

若從拉丁美洲作家波赫士描述的蒲松齡可知——「他致力於文學創作，乃至這部使他成名的作品，都應歸功於這幸運的失敗。」

蒲松齡一生的得與失，又豈是科舉成就、官場位置所能決定的？

●分心的職涯軌跡造就蒲松齡的故事力

清順治十四年（一六五七），蒲松齡與縣庠生劉國鼎次女劉氏成親，相對於兩位如潑婦的兄嫂，一點小事都能罵街的性格，蒲松齡算是娶到了賢妻。不過，紛紛擾擾的情狀，父親蒲槃只能讓雞犬不寧的兄弟分家，蒲松齡分到——

農場老屋三間，曠無四壁，小樹叢叢，蓬蒿滿之。破屋三間，薄田二十畝，只夠吃三個月的二百多斤糧食，這樣的窘狀幸好有勤儉持家、相夫教子秉性溫柔賢慧的劉氏挺著，她不只花容月貌，還能神助攻，支持蒲松齡做自己，真是中國傳統女性的美聖實錄，後來，也成為聊齋賢妻人物的典型。

蒲松齡生在只重形式、扼殺獨立思辨的時代，制藝八股考場的經歷和遭際，竟成為他說故事的養分——從順治十七年（一六六〇）鄉試未中；康熙二年（一六六三）鄉試未中；康熙十一年（一六七二）鄉試未中；康熙十四年（一六七五）鄉試未中；康熙二十六年（一六八七）鄉試因考試違規以「越幅」被黜；康熙二十九年（一六九〇），鄉試再次犯規被黜；康熙三十五年（一六九六）鄉試未中。漫長的三、四十年科考期間，若不是妻子強而有力的支持，蒲松齡無法一直與鄉試奮戰著。

科舉文注重理、法、辭、氣，講求論據論證的邏輯性，等同現在時事政策文。蒲松齡長年獵奇搜豔，擅寫搜神志怪，神仙、狐鬼精魅，其寫作的筆法多奇異性、想像化，一如自己在寶應縣作孫蕙幕僚時，所寫的公文、告示、書信常有「送往迎來，則賤如聲伎，婢膝奴顏，則狀同伏鼠」，初次閱讀的確很能攫住眼球，吸睛也頗有話題性，但，隨筆散文，文學味重，篇幅過長，常常失焦，這種寫法不是一般士大夫之流能接受的。因此，紀昀才會對蒲松齡「燕昵之詞，媟狎之態，細微曲折，摹繪如生」的才子之筆，不以爲然了。

據說康熙時八股文的字數要求在五百五十字左右，這對蒲松齡的確是考驗的門檻。他除了兩次「越幅」，可以說是考試運氣很背之外，其他的幾次，都是期望越大，失望越大的科舉「浪流連」。「越幅」就是考試失格。明清參加科舉的考生，如果答卷不按格式作答，就是違規。如，卷面有紅線畫出的橫直格，每頁的行數、每行的字數都規定好了，若超越行、格，或隨意書寫，直接出局，下次請早。蒲松齡就是不夠「專心」考試，即便文思泉湧，切中題旨，竟然可以第一頁寫完，直接跳到第三頁，不只被取消資格，還被張榜通報，被狠批了一番。

蒲松齡一邊準備考試，一邊為了家計又兼職當塾師，工作之餘，他分心的職涯軌道，讓他把考場的失意凝煉在創作的心血結晶《聊齋誌異》。小說中蒲松齡變成可以暢所欲言，聊出考場清明識見，看出別人所無法觸及面向的主角。

如，〈王子安〉提到參加科舉的考生百態：「初入時，白足提籃，似丐。唱名時，官呵隸罵，似囚。其歸號舍也，孔孔伸頭，房房露腳，似秋末之冷蜂。其出場也，神情惝恍，天地異色，似出籠之病鳥。迨望報也，草木皆驚，夢想亦幻。時作一得志想，則頃刻而樓閣俱成；作一失志想，則瞬息而骸骨已朽。」意思是：剛入考場時，大家是光著腳丫排隊，提著籃子，像乞丐一樣的神態。唱名時，官員呵斥、隨從怒罵，他們的態度像是對待犯罪的囚犯。等回到考試的號舍，每個洞口都有探出的腦袋，每個房間都會有露出的雙腳，大家好像秋後受寒的馬蜂。考完試後，大家從考場出來，個個神情恍惚，天地頓時變色，看起來好像從籠中飛出的病鳥。等到考後，有人來報告錄取與否的消息，現場好像草木皆受驚動，各種想法不斷出現。一會兒做了得志的夢想，頃刻間，樓閣都建成了，一會兒又做失意的假想，瞬時間，自己的骸骨彷若腐爛。

蒲松齡參加科考大半生，即便懷才不遇，早被關上功名之門，仍傲骨地寫下自己的座右銘：「有志者，事竟成，破釜沉舟，百二秦關終屬楚。苦心人，天不負，臥薪嚐膽，三千越甲可吞吳。」蒲松齡豪氣的座右銘內容，也正是他血淚斑斑的應試史。

蒲松齡之所以能堅持走在科舉之路，是因為他堅信——夢想這條路踏上了，跪著也要走完，因為這是一條你走了，就不能停的選擇，即使流著淚，也要走完的明清儒生八股取士的宿命。一如〈葉生〉男主是文章辭賦，冠時一絕的文青男，風度好、面容佳，飽讀詩文，但因不諳考場答題趨勢與時運不濟，多次失利後抑鬱而死。

小說中的葉生不知自己身亡，竟成為全力準備科考而焚膏繼晷的遊魂，後又受惠於丁氏的知遇之恩，終於以遊魂之姿考取功名。這個故事的男主彷若蒲松齡的現實生活版，尤其他對丁氏說出：且「士得一人知己，可無憾」的肺腑之言，寄託蒲松齡苦等賞識伯樂的癡心等待。

蒲松齡寫的考場不只揭弊，也陳述為考取科舉的堅定心意。如果說，「成功不在於攀登的高度，而在於跨越的障礙」，哥一生都跑在實踐的路上，只可惜老天不給他圓夢的痛快，種種挫折反讓他在創作中找到情緒的出口。

●女神的殞落，相見不如懷念

康熙九年（一六七〇）八月，蒲松齡出遠門到江蘇省寶應縣，是去當同鄉進士孫蕙的幕僚，孫蕙是他的老鄉、老同學，雖知他是紈綺子弟，但蒲松齡跨出這一步，走向一個與官場最接近的距離。

這次的離家遠行，他遇見自己心目中的女神，也就是揚州才女顧青霞。每個時代對女神都有它的審美標準：面容姣好、能歌善舞，吟詩作詞，這個顧青霞太對蒲松齡的胃口了，女神在眼前，蒲松齡怎能不迷醉？可惜，顧青霞和他遇見得太晚，年紀比孫蕙小一半的顧青霞早已被孫蕙納為小妾。

蒲松齡的女神傾心於孫蕙風流倜儻的風采，這樣的男神，身邊不乏投懷送抱的眾多女神。孫蕙紙醉金迷的生活，讓女神級的顧青霞也得獨嚐被冷落、被陷害的寂寞生活。

只有在落魄時才懂，願意拉你一把的人叫貴人。

只有在窮困時才懂，願意留在身邊的人叫知己。

默默陪在顧青霞身邊的蒲松齡，不只替孫蕙擬書啟、文告，贏得聲譽與政績，也成為默默守護顧女神的男二。蒲松齡把顧青霞當此生唯一，但女神的眼裡只有孫蕙，一個才子遇見淚眼凝噎的女人，他也不得不動心，不得不動情。多了一點惺惺相惜，就多了一些體己的心有靈犀。這段說不得的情愫，只因顧青霞「羅敷自有夫」。但是蒲松齡對她的憐惜是那樣情真意切，他主動寫了不少的詩作，鼓勵女神要振作——〈戲酬孫樹百〉詩中寫道：「漏板依稀夜二更，檀郎何處醉瑤笙？凌波露濕慵無力，斜倚危欄看月明。」看著自己珍愛的女子以淚洗面，不是自由之身的蒲松齡也無能為力。面對自己的夢中情人，他只能把這種愛慕之情化作一篇又一篇的詩作，如〈聽青霞吟詩〉、〈又長句〉、〈為青霞選唐詩絕句百首〉、〈孫給諫顧姬工詩，作此戲贈〉八首、〈傷顧青霞〉等十二首，又有一首詞〈西施三疊〉。他用含蓄的文字抒發自己對顧青霞同理、同情傾慕的情愫。最後，顧青霞孤零零待在荒涼奎山村抑鬱而死，紅顏薄命的顧青霞，也是蒲松齡想像愛情的痛楚與遺憾，生命翩然而至的女神，與他的相知相遇即便短暫卻又是如此美麗的時光。蒲松齡遇見才女顧青霞，從一見鍾情

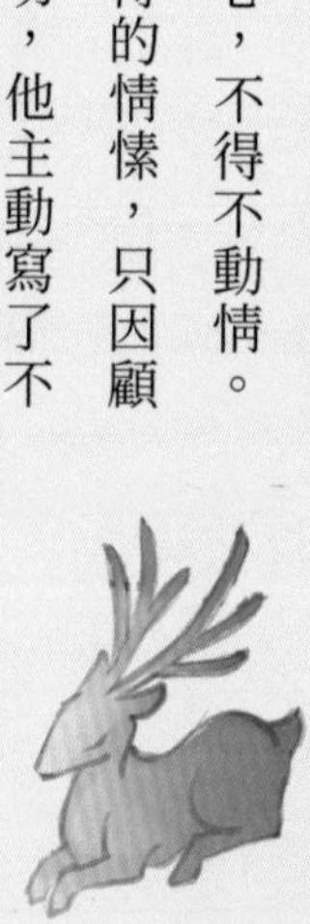

到用情甚深，可為「矢志不渝」。這由悼念顧青霞的〈傷顧青霞〉文字可知：「吟音彷彿耳中存，無復笙歌望墓門。燕子樓中遺剩粉，牡丹亭下吊香魂。」

這一次，蒲松齡給了顧青霞下輩子願能喜結情緣的許諾——「牡丹亭下吊香魂」，同時也濃縮自己對顧青霞真實不騙的愛戀，想愛又不能愛的現實悲情。現實生活無法圓滿的愛，對女神聖潔如柏拉圖式的愛情，讓筆下女子形象，重現顧青霞在他心底烙下的女神氣質——美豔動人、有情有義的狐妖、花精、女鬼，都像極了顧青霞在他心裡的模樣。

康熙十年（一六七一）秋，蒲松齡從寶應、高郵回鄉，途經邳州，親身經歷邳州周氏女對愛情的忠貞，他對同鄉孫蕙薄倖的失望，直至周女對陳錫九忠貞的震撼，社會達官貴人與平民百姓階級的偏頗，愛情在不平等中掙扎的無奈，都成為他創作的養分，這些孤憤與悲傷都幻化為花妖狐魅走進異次元空間，以文字變成〈綠衣女〉、〈連瑣〉、〈狐諧〉等名篇。一如郭沫若曾在其故居所題「寫鬼寫妖高人一等，刺貪刺虐入骨三分」。這段時期的經歷，讓他目睹社會底層的生活悲苦，官場的光怪陸離對於《聊齋》揭露官場黑暗，諷諭現實的題材，頗有助益。也讓他明白：一個讀書人讀書的意義，一個知識分子的道德恥感應該比別人更高，一個人對於設定的目標應該堅持到底。

●與其原地踏步，不如換個新環境

回到淄川後，他認真做起私塾先生，即便，要教書，要打雜，他卻不想再回去過往的歲月，這一做，四十多個寒暑過去了。清代塾師的工作很清苦，地位也低落，但蒲松齡不把自己當教員，他注重美感教育、科學教育，堪稱是個教改先驅，用心寫出〈為人要則〉有正心、立身、勸善、徙義、急難、救過、重信、輕利、納益、遠損、釋怨、戒戲的道德規範，甚至，還自編教材《小學節要》、《莊列選略》、《農桑經》、《藥崇書》、《省身語錄》等。他對擴展教育內容盡心盡力，功不可沒。

他曾說過：「性癡則志凝，故書癡者文必工，藝癡者技必良。」擔任教職期間，他更有空潤飾《聊齋誌異》。若說，《聊齋誌異》與《閱微草堂筆記》是中國古代文言志怪神鬼小說的兩座高峰，蒲松齡圈粉的功力，看來仍略勝紀昀一籌。《聊齋》成書十二卷四百九十餘篇，四十餘萬字。生前家貧並未刊刻，僅在同儕間傳鈔，幾度改易原稿，直至死前仍有增添。同鄉好友王士禎是蒲松齡最忠實的讀者，對《聊齋誌異》十分喜愛，想以五百兩黃金購其手稿卻不可得，也曾題詩：「姑妄言之姑聽之，豆棚瓜架雨如絲。料應厭作人間語，愛聽秋墳鬼唱詩。」最後，逼得蒲松齡為此立下家規：「余生平惡筆，一切遺稿，不許閱諸他人。」

●蒲學霸所追求的人生理想與目標也高於普通人

年輕的蒲松齡學得快又好，被老師喜歡，被鄉里家長追捧。才華橫溢的他對飲食烹飪、民俗民情、田野故事也很有研究，晚年時，還寫成《日用俗字》，反應魯地的民俗文化，這類作品可算是現在鄉民眼中估狗大神、維基百科的類型。

這個輸到絕境的學霸，舉人考了五十年都沒摸到邊，他是太有個性還是任性？好友張篤慶曾送罵一句：聊齋且莫競談空。把讀聖賢書的時間，拿來創作《聊齋誌異》，當然落得名落孫山、榜上無名的結局。或許，《聊齋誌異》早就給他換跑道的勇氣，在抒發憤懣，諷刺現實，揭露政治、科舉弊端的小說創作中，蒲松齡讓我們看見一個夢幻創作王國，「如夢魘的畫廊和迷宮般」的異次元世界，是才子被打趴也要寫的人生意義吧！

〈葉生〉

淮陽葉生者，失其名字。文章詞賦，冠絕當時；而所如不偶，困於名場。會關東丁乘鶴，來令是邑。見其文，奇之。召與語，大悅。使即宮署，受燈火；時賜錢穀恤其家。值科試，公游揚於學使，遂領冠軍。公期望綦切。闈後，索文讀之，擊節稱歎。不意時數限人，文章憎命，榜既放，依然鎩羽。生嗒喪而歸，愧負知己，形銷骨立，癡若木偶。公聞，召之來而慰之。生零涕不已。公憐之，相期考滿入都，攜與俱北。生甚感佩。辭而歸，杜門不出。

無何，寢疾。公遺問不絕；而服藥百裹，殊罔所效。公適以忤上官免，將解任去。函致生，其略云：「僕東歸有日；所以遲遲者，待足下耳。足下朝至，

則僕夕發矣。」傳之臥榻。生持書啜泣。寄語來使：「疾革難遽瘥，請先發。」使人返白，公不忍去，徐待之。逾數日，門者忽通葉生至。公喜，逆而問之。生曰：「以犬馬病，勞夫子久待，萬慮不寧。今幸可從杖履。」公乃束裝戒旦。抵里，命子師事生，夙夜與俱。公子名再昌，時年十六，尚不能文。然絕慧，凡文藝三兩過，輒無遺忘。居之期歲，便能落筆成文。益之公力，遂入邑庠。生以生平所擬舉子業，悉錄授讀。闈中七題，並無脫漏，中亞魁。公一日謂生曰：「君出餘緒，遂使孺子成名。然黃鐘長棄，奈何！」生曰：「是殆有命。借福澤為文章吐氣，使天下人知半生淪落，非戰之罪也，願亦足矣。且士得一人知己，可無憾，何必拋卻白紵，乃謂之利市哉。」公以其久客，恐悞歲試，勸令歸省。慘然不樂。公不忍強，囑公子至都，為之納粟。公子又捷南宮，授部中主政。攜生赴監，與共晨夕。逾歲，生入北闈，竟領鄉薦。會公子差南河典務，因謂生曰：「此去離貴鄉不遠。先生奮跡雲霄，錦還為快。」生亦喜，擇吉就道。抵淮陽界，命僕馬送生歸。

歸見門户蕭條，意甚悲惻。逡巡至庭中，妻攜簸具以出，見生，擲具駭走。

生悽然曰：「我今貴矣。三四年不覿，何遂頓不相識？」妻遙謂曰：「君死已久，何復言貴？所以淹君柩者，以家貧子幼耳。今阿大亦已成立，行將卜窀穸。勿作怪異嚇生人。」生聞之，憮然惆悵。逡巡入室，見靈柩儼然，撲地而滅。妻驚視之，衣冠履舄如脫委焉。大慟，抱衣悲哭。子自塾中歸，見結駟於門，審所自來，駭奔舍母。母揮涕告訴。又細詢從者，始得顛末。從者返，公子聞之，涕墮垂膺。即命駕哭諸其室；出橐營喪，葬以孝廉禮。又厚遺其子，為延師教讀。言於學使，逾年游泮。

異史氏曰：「魂從知己，竟忘死耶？聞者疑之，余深信焉。同心倩女，至離枕上之魂；千里良朋，猶識夢中之路。而況繭絲蠅跡，嘔學士之心肝；流水高山，通我曹之性命者哉！嗟乎！遇合難期，遭逢不偶。行蹤落落，對影長愁；傲骨嶙嶙，搔頭自愛。嘆面目之酸澀，來鬼物之揶揄。頻居康了之中，則鬚髮之條條可醜；一落孫山之外，則文章之處處皆疵。古今痛哭之人，卞和惟爾；顛倒逸群之物，伯樂伊誰？抱刺於懷，三年滅字；側身以望，四海無家。人生世上，只須合眼放步，以聽造物之低昂而已。天下之昂藏淪落如葉生其人者，亦復不少，顧安得令威復來，而生死從之也哉？噫！」

——星座分析

牡羊座的你會愛上這樣的蘇東坡？

牡羊座是天生的耀眼明星，不只閃亮有個人特色，與生俱來的領袖魅力，總能圈粉無數。你們想到了誰？對對對，就是識別度高，能見度也高的——蘇軾。蘇哥哥留給牡羊的是一介文人的風範、態度，他的名字是所有文學人美麗的記憶。

蘇哥哥有牡羊欣羨的堅韌力與正義感，他總是坦誠地表達自己的看法與意見，在新舊黨爭中，捍衛內心的真理，即便兩邊不討好，他挺他想挺的，他戰他該戰的，哥展現文人高度的自主權和決定權，也被侍妾王朝雲戲稱為「一肚皮不合時宜」。蘇東坡的獨特卻活出了牡羊心中灑脫、明亮的讀書人形象。他看似豁達，卻從不苟且，他看似輕鬆，卻畫了底線，哥從來就不甘於平凡的人生，他總是活得奮不顧身。從他帶領眾人在西湖邊實地勘察，重新疏通「錢塘六井」，這個蘇通判不只個性開朗，行動明快，更善於鼓勵同事，贏得別人一生的信賴和尊敬。

走在時代革新派的浪頭，因熱情、好強、衝動曾讓他惹上烏台詩案的橫禍。死裡逃生而輾轉到黃州的新生活，他褪去文人的長袍方巾，換上短衫芒鞋，人生觀也開始有了不一樣的轉彎。牡羊座的拓荒者精神，善於開創人生新機，即便面對蹇困仍擁有清歡的趣味，看到這裡，牡羊座的你應該尖叫——歐巴，你超強了吧！那麼，你們就一起手把手邁向快樂豁達的人生吧。

他並不完美，卻是好感度最高的潮男
——第一名的圈粉高手蘇東坡

你酸爆我，哥還是用自己所謂的「自由」去生活，即便「被別人討厭」了，哥還是活得很瀟灑、很自在。這麼威的一個人，讓他的作品連續榮登好幾個朝代好感度第一，無論你是厭世派，也想替他點個讚；無論你是戀世派，你也想替他貼個愛心。這位潮男界大名鼎鼎的奇男子，活脫就是每個人心中想要活出的模樣。

人生多風雨，有順必有逆，他活得夠堅定，把別人眼中的苟且，活成了自己的瀟灑。別人看他我行我素，哥是不想浪費生命在人我攻防。無論在順境或逆境中，他的待人接物都藏著他的氣度和人品！

哥演繹的人生就是——活得單純點，生活就沒有困難，你的困難常是自己的複雜築的壩。哥用儒釋道解人生的憂，哥用無風無雨也無晴解生命的惑，哥就是潮男界好感度最高的哲學家——蘇東坡。

●當才子遇上冏上司？

蘇軾字子瞻，號東坡居士，生於宋仁宗景祐三年卒於宋徽宗建中靖國元年，四川眉山人。在醇厚家風的薰陶下，蘇軾一出場，不只轟動汴京的王公貴人，也驚動了大宋文壇前輩。他不只年輕有為，年僅二十歲，就以一篇〈刑賞忠厚之至論〉的文章榮登進士第二名，優秀的哥哥帶著同樣文采奔放的弟弟闖蕩科舉考場，不只兄弟授同科進士及第，他還立馬成為社會期待的青年才俊，更成為年輕人眼中的夢想先驅者。

當他高喊著「在可以奮鬥的時候，絕不選擇安逸」的口號時，命運出牌了——丁母憂，讓他不得不放下夢想，守喪兩年。返回工作場域後的第一份工作是大理評事、簽書鳳翔府（治所在今陝西鳳翔）判官。那麼年輕就身居知府、知州的助理官，的確是很風光、很牛逼的。

年輕的蘇軾剛到新工作報到，本該曖曖內含光，卻因名號過響，所有人都開始關注這號人物，頓時讓他很吃得開，說話也大聲起來了。沒想到，上司是個做事中規中矩、一絲不苟的同鄉長輩陳公弼，做事嚴謹的長官遇上個性樂觀爽朗的蘇軾，一個是水一個是火，幾次衝突，讓蘇軾對他起了反感，尤其蘇軾對作品自負甚高，幾次起草都被上司退件或圈點，蘇軾開始耍任性脾氣了。所謂脾氣人人有，釋放出來是本能，輕鬆帶過才是本事，年輕的他並沒有學會這個道理，在〈凌虛台記〉明褒暗貶新上司。跌破他人眼鏡的是，新上司說話了：

「吾親蘇明允猶子也，某猶孫子也。平日故不以辭色假之者，以其年少暴得大名，懼夫滿而不勝也，乃不吾樂邪？」意思是：我對同鄉的蘇洵就像對自己的兒子一樣，屬下蘇軾就好像是我的孫子。平日對他分外嚴厲，故意不給他好臉色看，是因為他年紀尚輕就名聲遠播，擔心他把握不住原則，學著驕傲自滿之氣，盛名之下，難以自持，故意挫他銳氣。沒想到，蘇軾還真的把氣往心裡擱，對我實在是不開心呢！多年後，蘇軾在〈陳公弼傳〉懺悔地說：「軾官於鳳翔，實從公二年。方是時，年少氣盛，愚不更事，屢與公爭議，至形於言色，已而悔之。」意思是：我在鳳翔當官時，年輕氣盛，不懂人事，每次都和陳公弼大人發生爭執，有時候甚至怒形於色。現在想起來，真是非常後悔。蘇軾的第一份工作，陳公弼教會他的是：給對方留顏面，日後相見才體面。

●才子以詩撩妹？

蘇軾是天生的明星，不只具有領導能力，又善於傳遞溫暖，總能適時把自己的領袖形象行銷出去。在他外調杭州通判的三年，每個和他接觸過的人，都覺得自己因為有了蘇軾的青睞而變得很重要、很特別。

最經典的是，蘇軾與朝雲在西湖的相遇，她為蘇軾歌舞侍酒，蘇軾以詩撩妹，不只讓朝雲情定才子，還能一生無怨無悔地與之相隨相伴。哪一首詩有這種神奇的魔力？就是這首琅琅上口的〈飲湖上初晴後雨〉：「水光瀲灩晴方好，山色空濛雨亦奇；欲把西湖比西子，濃裝淡抹總相宜。」意思是：「西湖面波光粼粼，晴天時景色很美麗；雨天時籠罩濛濛細雨，都是別有一番奇景。如果想把西湖比做西施，不管淡妝或是濃抹，總是很合宜。」表面上蘇軾是在描寫西湖的旖旎風光，在不同天氣下所呈現的湖景美態。實際寄託蘇軾初遇朝雲時，怦然心動的畫面。出身在歌舞班中的朝雲，表演時看似美豔，內在卻保有清新潔雅的氣質。這首詩搞定了西湖靚妹，讓蘇軾一生享受與美眷相知相惜的快樂。這一生，蘇軾能擁抱豁達，不受外物影響，自身的修為是一樁，有朝雲隨侍在側也是一樁。讓他幾經貶謫，即便身處荒蠻之境，仍樂觀地寫下：「日啖荔枝三百顆，不辭長作嶺南人。」這份無入而不自得的心境，多少因身邊有知心人如解語花，才能挺得過、熬得住驚滔駭浪的官海人生。蘇軾對生命中的三位重要的女性，有情有義，不只曾寫〈江城子〉悼念王弗，也寫過〈蝶戀花〉紀念閏之夫人。對朝雲這個侍妾，是給出了百分百的真愛，不只為朝雲寫了大量詩文緬懷，還在朝雲墓旁修建一座「六如亭」，題寫楹聯作為此生相逢的註腳：「不合時宜，惟有朝雲能識我；獨彈古調，每逢暮雨倍思卿。」每一個成功的男人背後都有一個賢能的妻子相挺，蘇軾不只一個，還多了兩個紅粉知己為他撐腰，這個不完美的潮男，有三位懂他、愛他、敬他的紅顏，蘇軾果真是世上最幸福、搏好感度最高的男人。

●生命最冷冽的冬天

蘇軾加入反對王安石新法的社群團體，此刻的他，需要的是堅定的勇氣，即便要付出很大的代價，也一定要把自己的人生過好，因為他為自己的仕途做了重大的決定。

弔詭的是，反對新法，又身為地方官，他得在現實與理想中掙扎。許多矛盾與無言開始充塞在蘇軾的心中。

有好幾次，蘇軾因王安石推行青苗法，方式過於霹靂，導致眾民怨聲載道，蘇軾常以詩討伐新法。耿介的他，不寫則已，一寫就讓政敵恨之入骨，想找機會除之為快。

元豐二年由權監察御史何正臣首先發難，上劄論蘇軾到湖州任職的謝表，文字輕藐朝廷、出言不遜。舒亶、李定跟著加碼撻伐，認為蘇軾譏切時事、怨懟朝政，對皇帝做出大不敬的僭越。就此掀起「烏台詩案」的大風波。原本，這種叩謝皇恩的感謝文，都是官場套路文，沒想到，蘇哥哥寫著寫著就走心了。

他在〈湖州謝上表〉自云：「知其愚不適時，難以追陪新進；察其老不生事，或能牧養小民。」就是這幾句話，本是例行公事的表章，卻演變成殺身之禍。

政敵以「訕謗朝廷，對皇帝不忠」入罪，這場莫須有的「文字獄」，讓他幾乎喪命，就是史上有名的烏台詩案。所幸，宋代重文輕武，祖宗家法是不能輕易斬殺士大夫，再加上蘇轍、王安石的力保，神宗下詔把他貶到黃州，當個不用簽辦公文的「團練副使」，發放邊疆當個有名無實的閒官。

沒有從死劫中學到教訓的蘇軾，還是選擇做自己的堅持，或許哥扛的是全民偶像的招牌，瀟灑如他，男女老少通殺，多少人對他傻B似的直率，崇拜得五體投地，加上文壇領袖的光環，讓他在〈十二月二十八日，蒙恩責授檢校水部員外郎黃州團練副使〉又寫下：「平生文字為吾累，此去聲名不厭低。塞上縱歸他日馬，城東不鬥少年雞。」意思是：「這輩子我與文字相互依存，消逝了名望也不在乎，我連去邊疆馳騁的心都沒有了，我也懶得再和你們這些像鬥雞般的小人纏鬥了！」即便哥又發出如此的牢騷，蘇軾還是無損在迷哥迷弟、迷姊迷妹心中的地位，他的實話實說，毫不矯作，還是攻佔好感度排行榜第一名的位置。

●黃州教會他的是謙卑

來到了黃州，相對於之前湖州生活的富庶繁華，擔任閒官的蘇軾不只沒有薪水養家，連一家子的眷親都過著喝西北風的日子。幸好黃州在當時屬於三線城市，物價消費稍低，讓蘇軾初始靠著積蓄勉以餬口，維持生計，但寅吃卯糧的窘境（據說是以一個月一萬五千元的開銷養一家數十口），還是得再另謀生路。

一向對朋友兩肋插刀，來者不拒的他，沒想到，一落難，朋友競相失聯，已讀不回，蘇軾首次嘗到了人情的冷暖——「平生親友無一字見及，有書與之亦不答」。曾是眾星拱月的蘇軾，被一路追捧的文壇網紅，這一生只遇過讚譽之聲不絕如縷的境遇。如今，窮了，沒名了，人情的來往，彷彿都變了樣，官場霸凌、同儕攻擊，甚至還經歷酸民亂貼文、抹黑凌遲……蘇軾並沒有因此而厭世，反而為自己的生命開了一堂對話課：千萬別活在別人眼裡，也別死在他人嘴裡。

蘇軾在黃州不到一年，幾乎把前二十年攢的薪水都散盡。看到蘇軾窮困潦倒的鐵粉馬夢得，天天替他向黃州太守說項，希望能替偶像討些福利，即便無法為他找到財路，也要地方官給出一塊田地，為他送上溫暖。只是，宋代土地劃分手續很麻煩，馬夢得屢屢碰壁，直到繼任太守徐大受上任，終於答應蘇軾「耕讀」的要求，給了蘇軾一塊坡地。農閒時刻，他在黃州東邊的坡地，蓋了「東坡雪堂」，為自己取了「東坡居士」的別號，自給自足的生活，讓他放去了鋒芒，真實地看見自己的本心。最厲害的是，不只當地的老少都喜歡他，連黃州的莊稼都非常的給力。或許，天天聽著蘇軾吟詩誦詞，彷彿聽著音樂長大的神戶牛般，不只沒有陶潛「草盛豆苗稀」的窘狀，還許給蘇軾麥粟豐收的盛況。或許也是黃州生活帶給蘇軾人生純美的體會——懂得謙卑，人生才會有路。

●才子是生活藝術家

蘇軾堪稱史上最會生活的藝術家，在〈答秦太虛書〉描述過自己的理財方法：「初到黃，廩入既絕，人口不少，私甚憂之。但痛自節儉，日用不得過百五十。每月朔便取四千五百錢，斷為三十塊，掛屋樑上，平旦用畫叉挑取一塊，即藏去叉，仍以大竹筒別貯用不盡者，以待賓客。」意思是：剛到黃州，薪水幾乎用罄，家丁沒有減少，私下曾憂慮過。後來痛定思痛，改變作法，每天不能支出超過一百五十文錢。每月發工資後，取出四千五百文錢，分成三十堆後，用繩子串起來掛在房樑上，每天早上用一枝長長的畫叉挑取一串，取完後，就把畫叉藏起來。平常在屋裡放一隻大桶，存放每天剩下的錢，以備來客時招待使用。

如果，我們無法開源，只能做好節流。看似豪放不羈的他，也為了家人做出改變，做好理財規畫，才能渡過人生險灘。

加上，他善於就地取材，把黃州不吃的豬肉，以「少著水、慢著火」的烹飪祕訣，發明出可被後世評為米其林三星等級的東坡肉，還寫了首〈豬肉頌〉：

「淨洗鐺，少著水，柴頭罨煙焰不起。待他自熟莫催他，火候足時他自美。黃州好豬肉，價賤如泥土。貴者不肯喫，貧者不解煮。早辰起來打兩碗，飽得自家君莫管。」意思是：洗淨鍋子，倒入少許的水，用文火慢慢燉。讓肉在鍋中自然而然地煮熟，不必心急去催熟，等火候足夠了，自然滋味就鮮美。黃州的豬肉味道其實很好，價錢便宜得像泥土，人人都能買得起。只是富貴人家因價賤而輕視它，貧窮人家雖然買得起，卻不曉得好的烹調法。一早起來，就拿兩碗份量的豬肉下去慢燉，等到中午燉熟就可以品嘗了。想吃就吃，何必在乎別人的眼光或言語呢？

黃州有了這位生活藝術家的參與，開始有了東坡菜系。甚至可以誇張地說，這個窮鄉僻壤因為他，開出東坡肉、東坡肘子、東坡鯽魚、東坡餅、東坡豆腐等等，上百樣的極品菜單，黃州因為蘇東坡的長居，有了舌尖上的美味，生活上的美學，讓黃州人民可以開始拚觀光，發大財。

●儒釋道合一的新生活

黃州時期的蘇東坡處在人生的低谷，窮歸窮，苦歸苦，他卻沒有懷憂喪志，反而寄情山水，與自然親近，找到儒釋道合一的新生活。人見人愛的蘇東坡很快地和安國寺裡的高僧惺惺相惜，成天泡澡聊易經、談佛經，聰慧的他很快地就融合儒釋道三者的智慧，找到安頓身心的曠世豁達學。原來，我們做的每個判斷，都來自於自身無法察覺的「框架」主導，與其讓框架限制我們的思考與發展，不如跳脫框架去看世界！

當他在黃州赤壁寫下前、後〈赤壁賦〉後，展現人生對短暫與永恆、出世與入世的觀點，同時也告訴後人：「世界上跟我想法不同的人，比想像中的還要多。」你看萬物的角度決定了你人生的高度與格局。就像〈念奴嬌·大江東去〉：「大江東去，浪淘盡，千古風流人物。故壘西邊，人道是，三國周郎赤壁。亂石崩雲，驚濤裂岸，捲起千堆雪。江山如畫，一時多少豪傑。」蘇軾不只以詩文諷喻新法，暗指新黨羅織論罪的悲憤，也藉由遊山玩水以調適心境。

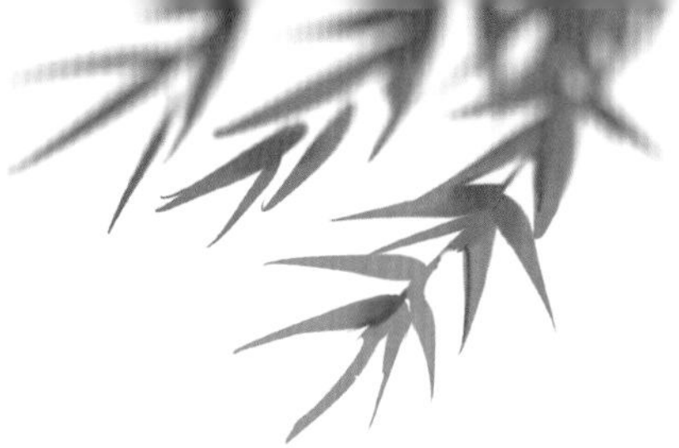

黃州城外的赤壁（鼻）磯，壯麗的風景使蘇軾追憶當年三國時期周瑜無限風光，也感嘆時光易逝。不只一改五代以來傳統詞態的溫婉綺麗的旖旎風情，也以豪放的詞風一改宋詞的格局。

蘇軾在黃州的沉潛與累積，告訴我們：人生沒有對與錯、好與壞，你爭的成敗是非，常常只是爆棚的自尊心而已。

因失意而來到黃州的蘇東坡，許了黃州一個詩意的人間四月天。而黃州給他的更是儒釋道合一的人生新境界。

●他真的不完美，卻讓人不得不愛他

一個說成就沒成就，說錢財沒錢財的蘇軾，憑什麼被評點為地表好感度最高的潮男？

林語堂曾說：蘇軾身上有種濃濃的不可救藥的樂觀主義。你不給的，蘇軾就自己想辦法。你特意挖坑了，蘇軾就輕輕地閃過。

「軾」原是古代車前用做乘車人扶手的橫木，即巧為觀瞻，確保安穩，意涵蘇洵想為兒子留個處世圓通的指引。

然而，蘇東坡有稜有角，愛恨分明，導致仕途多舛。看起來不完美的他，內心有著濃厚的人本思維，仁愛之心。當他得知鄂黃間農民因貧窮而溺嬰，寫出「聞之酸辛，為食不下」的文句。甚至，幾次主動寫信給鄂州太守朱壽昌，請他革除陋習。不僅如此，他還摩頂放踵地組織一個社會捐助，積極地搞了一個很火的活動——拯救棄嬰大作戰，如此接地氣的行徑，引起社會開始關注這個議題。

最可貴的是，他善於捲起袖子做事，解決黃河水患，讓西湖風華再現。當地居民因他而開始發觀光財，不只有蘇堤春曉，還創辦史上第一家公立醫院安樂坊。只要看見受饑荒之苦的百姓，就不斷在宋代的ＩＧ上上傳「沒飯吃」

的哭哭圖給皇帝，讓權貴們明白在地百姓的處境。還常在宋代官方臉書向皇帝上呈西湖的建言：放生祈福、百姓飲水、灌溉良田、足水助航、釀酒課稅。

一位做事務實、內心浪漫的父母官，心中絕對有著人民的，他喊的不是口號，而是實質的建設。他給出真正能寬慰人心的慷慨，與願意放下生命恩仇的豁達吧！

他不完美，卻真的很能搏好感度，因為他夠真誠，夠善良，夠厚道。所以，為我們演出了一場禍福不驚、憂樂兩忘的人生境界——莫聽穿林打葉聲，何妨吟嘯且徐行，看吧！這就是才子超然物外，讓人不得不為他的曲折的人生大喊「安可」的原因呀！

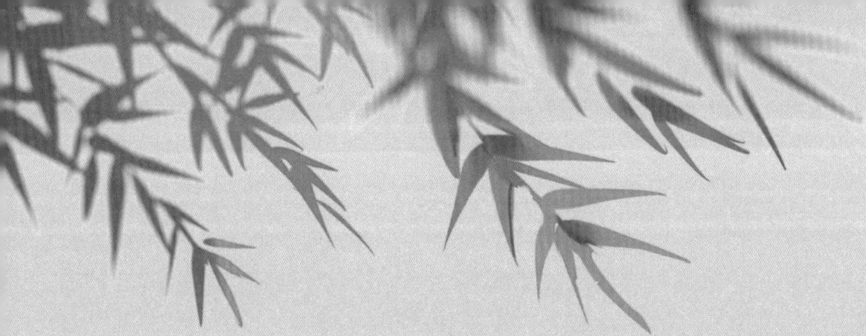

〈前赤壁賦〉

壬戌之秋，七月既望，蘇子與客泛舟遊於赤壁之下。清風徐來，水波不興。舉酒屬客，誦明月之詩，歌窈窕之章。少焉，月出於東山之上，徘徊於斗牛之間。白露橫江，水光接天。縱一葦之所如，凌萬頃之茫然。浩浩乎如馮虛御風，而不知其所止；飄飄乎如遺世獨立，羽化而登仙。

於是飲酒樂甚，扣舷而歌之。歌曰：「桂棹兮蘭槳，擊空明兮泝流光。渺渺兮予懷，望美人兮天一方。」客有吹洞簫者，倚歌而和之，其聲嗚嗚然，如怨如慕，如泣如訴；餘音嫋嫋，不絕如縷；舞幽壑之潛蛟，泣孤舟之嫠婦。

蘇子愀然，正襟危坐而問客曰：「何為其然也？」

客曰：「『月明星稀，烏鵲南飛』，此非曹孟德之詩乎？西望夏口，東望武昌。山川相繆，鬱乎蒼蒼，此非孟德之困於周郎者乎？方其破荊州，下江陵，順流而東也，舳艫千里，旌旗蔽空，釃酒臨江，橫槊賦詩，固一世之雄也，而今安在哉？況吾與子漁樵於江渚之上，侶魚蝦而友麋鹿，駕一葉之扁舟，舉匏樽以相屬；寄蜉蝣於天地，渺滄海之一粟。哀吾生之須臾，羨長江之無窮；挾飛仙以遨遊，抱明月而長終。知不可乎驟得，托遺響於悲風。」

蘇子曰：「客亦知夫水與月乎？逝者如斯，而未嘗往也；盈虛者如彼，而卒莫消長也。蓋將自其變者而觀之，則天地曾不能以一瞬；自其不變者而觀之，則物於我皆無盡也。而又何羨乎？且夫天地之間，物各有主。苟非吾之所有，雖一毫而莫取。惟江上之清風，與山間之明月，耳得之而為聲，目遇之而成色。取之無禁，用之不竭。

是造物者之無盡藏也，而吾與子之所共適。」

客喜而笑，洗盞更酌。肴核既盡，杯盤狼藉。相與枕藉乎舟中，不知東方之既白。

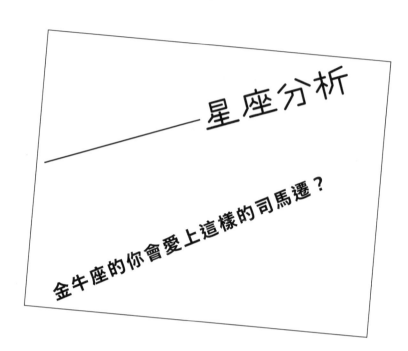

星座分析

金牛座的你會愛上這樣的司馬遷？

生於史學世家的司馬遷，不只行事謹慎，思慮周全，從拜師學史到壯遊全國，都在執行人生的重要清單。一生只做一件事，從繼父職至五十六歲，歷十八年之久，把完成《史記》當做一生懸命，再怎樣艱辛，也要完成父親臨死前的遺願，扛起史官跨時代的重責大任。《史記》是體大思精、前無古人的紀傳體史著，橫亙三千年的史事，獨創的「太史公曰」，延續春秋筆法的特色，它藉褒貶人物或歷史事件，承襲史官秉筆直書的傳統，都在他手上完成了。若沒有刻苦耐勞、耐力過人的恆毅力支持，怎能走到看不到盡頭的終點。再從李陵的事件來看，他堅持己見為李陵辯解卻獲死罪的始末，讓把你當朋友了，就永遠不會出賣你的金牛座都快掉淚了。李陵無罪就是無罪，不管漢武帝和群臣的心情風向球，就真的太對金牛座的胃口了，司馬遷說他該說的，做他該做的，表面刻板強硬，實是暖心靠譜，這讓一向腳踏實地、堅持到底、重視家庭、擇善固執的傻氣金牛座，一遇到有個性的司馬遷就黏住了，這完全就是他們會跟風的典型呀！

在世界的喧囂之外
——安靜做自己的司馬遷

司馬遷（前一四五或前一三五～前八七？），字子長，西漢夏陽（今陝西韓城，一說山西河津）人，他的嘔心瀝血之作《史記》，被魯迅譽為「史家之絕唱，無韻之離騷」，司馬遷是典型「生前低調，死後出名」的歷史名人。無聲的他，在喧囂嘈雜的歲月，堅持守護「定而後能靜，靜而後能安，安而後能慮，慮而後能得」的人生哲學，後人頌揚的史聖，到底是用什麼心情寫下中國綿亙三千年的歷史大作？

逐利紛亂的俗世，司馬遷堅持高潔的情操，面對宮刑的恥辱，仍一筆一墨地寫下他心中的真英雄——伯夷、叔齊的身影；屈原、孔丘、荊軻的氣度。司馬遷把自己的心境也投射到書寫中，這些令人激昂的豪傑，都有司馬遷執著寧謐、堅忍不拔的影子。

司馬遷每受一次的屈辱，就有人勸他放棄吧，放棄吧。他仍然挺直了腰桿，站好了位置，為了實現自己生命的價值，不顧他人譏諷嘲笑，始終真心不渝地守著他對父親的承諾。傾盡所有，只想寫完一本書，即便失去一切，就是要寫完《史記》，這個人很傻，卻傻得讓人想奔向前擁抱，一個知識分子最動人的傻勁，卻引起無數人內心鏗然的共鳴。

●司馬遷的師傅都很牛逼

司馬遷第一個學習的師傅就是爸爸司馬談，這個在長安做太史令的史官，是一個聲名遠播的大學問家，不僅常置身在當時的國家圖書館中，閱讀大量的古籍，自家藏書更是汗牛充棟。

司馬家族從周代就開始擔任史官工作，如何當個好的史官，可謂是世代傳承的使命。司馬談曾受教於三大名師「學天官於唐都，受《易》於楊何，習道論於黃子」，因此，天象觀測與曆法、周易、道莊都難不倒他。司馬談博學多聞、熱愛學習，展現對史官具有高度的工作熱忱。太史令不治民，這個看似無實權的職位，卻是掌管國家典籍和天文曆法的官員，更是保存國家文化與史實最重要的關鍵人物。司馬遷從小在父親的家學薰陶下，史官完美的形象烙印在司馬遷心底。父親是個上知天文，下知地理的人，說起民間傳聞，更是觸動司馬遷對文學、史學的求知欲。年少的他，在父親的耳濡目染下常常把自己聽到的傳聞，說給鄉里同伴聽，充滿歷史況味的神祕故事，都讓同行者聽得津津有味、欲罷不能。

司馬談有投資家的眼光，他立志要寫出一本跨世代的史書，因此，除了靠自己力挺，還要有計畫、有目標地栽培自己的兒子。他思想先進也時髦，早有培養出接班人的念頭，他請來當時最牛逼的名儒孔安國、董仲舒，讓兩位名聲響噹噹的大師教司馬遷做學問。兩位先生人品高、學問好，孔安國開創古文經學，董仲舒提出「罷黜百家獨尊儒術」、「三綱五常」，是漢代文壇巨擘。孔安國為司馬遷打下古文寫作的基石，董仲舒教導司馬遷《春秋》的內蘊，不僅讓司馬遷開展知識的眼界，更帶給司馬遷端正思想與君子人格的奠基。司馬談栽培兒子的用心良苦，不只傳遞公正耿直、眼光精準的身教，也期待未來兒子能克紹箕裘，繼承史官之業。

●最早的「Gap Year」青年壯遊行

司馬談對司馬遷的史觀養成記，不只要他讀萬卷書也要他行萬里路。父親知道，要讓司馬遷成為中國歷史上無人能比擬的史官，對他的教養就要不一樣。身為高階史官後代，司馬談先讓司馬遷實現「Gap Year 壯遊」。一個人對世界的了解，無非有兩個來源：一個是直接經驗，一個是間接經驗。讀書是讓他理解世界的樣貌，因此，司馬遷年十歲就能背誦古書，透過讀書長期累積豐富的知識，無論是《春秋》、《尚書》、《左傳》、《國語》等，都是他琅琅上口的，但要成為出類拔萃的太史令，只有間接經驗仍無法撐起司馬遷史家的高度與亮度。

如何讓司馬遷獲取直接經驗？最快的方式，就是讓他去壯遊天下。司馬談送給弱冠之年司馬遷的生日禮物，就是讓他真實地大江南北走一回。他告訴司馬遷，你不只要玩得有深度，還要帶回寫史的任務：從遊歷的過程獲取當地人口口相傳的故事，最重要的是，驗證書中知識的真偽。哥的「背包客 Online」不是到風景景點自拍上傳，炫富討讚數，他所遊歷的足跡，都是他完成史記的素材，哥用心觀察歷史留下的可考細節、認識大人物的後代子孫，找到更足以採信的史實，邊走邊了解當地的風土民情，結交不少民間友人，接觸廣大庶民的經濟生活，體會到社會百姓的思想、感情、想望，對未來自己完成史記有極大的幫助。

司馬談要司馬遷透過「Gap Year」的經歷，真正體會一個史官的價值，從壯遊中自我追尋，也找到寫史的意義，哥不只沒有浪費闊氣爸爸給錢的信任，他「三十而南遊江、淮，上會稽，探禹穴，闚九嶷，浮於沅、湘；北涉汶、泗，講業齊魯之都，觀孔子之遺風，鄉射鄒嶧；戹困鄱、薛、彭城，過梁、楚以歸」。

意思是：司馬遷成年儀式是全國走一回，繞一遍的深度之旅，不只是南游江淮地區，還登會稽山，甚至探察禹穴，也觀覽九嶷山，泛舟於沅水、湘水之上；接著，北渡汶水、泗水，在齊、魯兩地的都會研究學問，並為了考察孔子的遺風，在鄒縣、嶧山行鄉射之禮；他走歷於鄱、薛、彭城時，遭逢苦難試煉，經過梁、楚之地，最後回到家鄉。這次 gap year 的生活，讓他在孔子家鄉鄒魯尋找素王留下的遺蹟，明白平民教育改革的意義，也在汨羅江邊緬懷屈原為國為家愁悶的真摯情感，以及不被重用的憂鬱，更在楚漢相爭的古戰場憑弔英雄豪傑，如今多是黃土一培，抑或是無人聞問的灰飛湮滅；到姑蘇眺望范蠡泛舟的五湖風光；到淮陰訪查韓信的發跡故事；到豐沛探查劉邦、蕭何的故鄉，探看一代英雄的發跡；到楚地訪看春申君的宮殿遺址，春秋公子養世的風範充於胸臆；到薛地考察孟嘗君的封邑，多少人生起伏都在念頭之間……前人留下的點點滴滴，在遍布的足踏中，他明白孔子說的，史官重於史德，如何還原歷史真實，如何給予賢士一個定位，都是自己未來寫史的核心價值。

這次的出走，促使司馬遷大量積累知識，開拓視野胸襟，更看出司馬談對兒子成為一代史官的培育不只是用盡心力，也是下了重資血本的育史計畫。

●聽爸爸的話，我史官我驕傲

公元前一一〇年春，漢武帝東巡渤海，回程準備在泰山舉行封禪大典。司馬談因病留滯在周南（今洛陽），未能參與制定封禪禮儀，心裡悲戚憤懣，病情急速加劇，奉使西征的司馬遷在趕赴泰山參加封禪大典時，行到洛陽見到日薄西山的司馬談。

父親告訴司馬遷，這一生最大的遺憾是沒有完成一部史書巨作。司馬談臨死前的心願：「余死，汝必為太史。為太史，無忘吾所欲論著矣。且夫孝始於事親，中於事君，終於立身。揚名於後世，以顯父母，此孝之大者。夫天下稱誦周公，言其能論歌文、武之德，宣周、邵之風，達太王、王季之思慮，爰及公劉，以尊后稷也。幽厲之後，王道缺，禮樂衰，孔子修舊起廢，論《詩》、《書》，作《春秋》，則學者至今則之。自獲麟以來，四百有餘歲，而諸侯相兼，史記放絕。今漢興，海內一統，明主賢君，忠臣死義之士，余為太史而弗論載，廢天下之史文，余甚懼焉，汝其念哉！」意思是：「我死以後，你一定要做太史；做了太史，你千萬不要忘記我要編寫的著作啊！再說孝道的初始就是奉養雙親，進而對國家君王盡己之力，最終才是自己的安身立命。若能使自己名聲在後世中遠播，以光耀父母，才是最大的孝道。天下稱讚周公，誇他能夠在文章中歌頌周文王、周武王的德業，宣揚周王朝崇尚仁義的風範，傳達周太王、周公季的思慮，又述說公劉的功業，用來尊崇始祖后稷的功績。在幽王、厲王之後，王道淪喪，禮樂衰微，孔子研究、整理舊有的文獻典籍，振興被廢棄的王道和禮樂。他整理《詩》、《書》，著作《春秋》，直到今天，學者們仍以此為法則。從魯哀公十四年西狩獲麒麟（此之後孔子停止《春秋》的編寫）到現在四百多年了，其間由於諸侯兼併、戰事不休，史籍散佚、編修工作中斷。如今漢朝興起，天下統一，君主賢能聖明，忠義臣子輩出，事蹟無數，作為太史而不加以評論記載，中斷國家的歷史文獻，為父對此感到十分惶恐不安。兒啊，你可要多加考慮，把我的心願記在心裡啊！」如今，面臨父親大去之期不遠矣，兩人心有戚戚焉地對望，沉默安靜的瞬間，父授遺命如千斤重擔的寄望，讓司馬遷回看生命中最親愛的阿爸，這個人給過他擋風遮雨的溫暖，教會他待人處事的道理，像山一樣的父親，在即將分離的此刻，坦露出他此生對史官工作的繫念，司馬遷是把爸爸的話記住了，也用一輩子的守諾，帶著父親的企盼，行旅自己顛簸的史官人生。

●說我該說的，做我該做的

父親死後，超群絕逸的司馬遷當起稱職的太史令，不只職掌天官，典司圖籍，也是皇帝信任的、能隨時備召的國政顧問團，聰穎博學的司馬遷，頗得漢武帝的青睞。朝九晚五的公務員生活，看似平淡卻是他追求的志業，可以一邊讀史，一邊寫史，生活挺是愜意。據《漢書．東方朔傳》記載，漢武帝稱讚司馬遷「辨知閎達，溢於文辭」，將初初嶄露頭角的司馬遷與公孫弘、倪寬、董仲舒、夏侯始昌、司馬相如、朱買臣、嚴助、徐樂等十五個西漢一代才智之士相提並論，可見漢武帝對年輕的司馬遷是信任與器重的。再從元狩五年（前一一八）司馬遷年二十八，出仕為郎中，秩三百石。元鼎六年（前一一一），司馬遷年三十五，奉使西征為郎中將，秩千石。元封三年（前一〇八），司馬遷年三十八，為太史令，秩六百石。年薪年年調升，給的賞賜越來越豐厚，司馬遷的確是被武帝放在心裡疼著的政治素人。他家世單純，並不顯赫，卻能陪同武帝巡行郡縣、祭祀五帝、東巡封禪，甚至伴隨漢武帝在夏陽挾荔宮避暑，這不是普通人能經歷的生命經歷。自此，他成就解鎖了。漢武帝對司馬遷的賞識，讓他決心要為心中的聖明君主竭盡心力，為漢室王朝共創事業的巔峰。

此刻，司馬遷對生活、對人、對前途擘畫出美好的藍圖，在〈報任安書〉提到此刻的自己是：「絕賓客之知，亡室家之業，日夜竭其不肖之材力，務一心營職，以求親媚於主上。」意思是：「自己斷絕所有賓客的往來，甚至忘掉家室的所有事務，日夜都在考慮全部獻出自己的微不足道的才幹和能力，專心做好太史令的工作，以求得皇上的信任和器重。」其間，曾與中大夫孫卿、壺遂等人共同訂定當時世界上最先進的曆法《太初曆》，為中國曆法進行一次最大的改革。此時的司馬遷，心裡只有太史令三個字，他把全部的熱情、精力都投進他許諾給武帝的事業裡去了，他做得有聲有色，雖是焚膏繼晷也甘之如飴。

只是，看起來平靜無波的日子，卻被一場突來的政治風波，他被折磨到生不如死。

公元前九十九年，性格比霍去病還狂的漢將李陵，謝絕替貳師將軍李廣利護送輜重（後方輔助）的工作，反而自請步兵五千，想要以寡擊眾，力抗匈奴。

武帝讚賞李陵的勇氣，想起過往多次與匈奴交手獲勝的榮光，似乎也打出漢軍出師的自信，因此答應他的想法。

李陵以五千步兵在浚稽山遭遇匈奴單于八萬騎兵主力的圍攻，李陵領軍氣勢雷霆萬鈞，「提步卒不滿五千，深踐戎馬之地」，殺敵數萬，逼得匈奴差點罷兵。後來，有人倒戈洩密，匈奴利用誘敵計，使之深入谷底，最終兩軍激戰在山谷中，李廣利率領的漢軍後援卻遲遲未到。最後，副將韓延年戰死，寡不敵眾，糧盡矢絕，李陵只能投降，五千步兵只剩四百人回到塞內。

武帝原本帶著慶功捷報的心情，突聞李陵兵敗，顏面掃地，內心極度不悅。阿諛諂媚的朝中大臣，臆測到武帝的悲憤心情，紛紛對李陵落井下石、誣害其短。司馬遷對奮勇殺敵的李陵，變成十惡不赦的叛徒的說法，頗不以為然，也對同僚的無情而心生憤慨。

武帝見他神色有變，就點名司馬遷說說自己的看法。他一說就慷慨激昂起來了，他一說就欲罷不能起來了，他一說就為自己惹來無法預測的殺身之禍。他到底說了什麼？他說：「李陵是侍奉孝親敬人的將軍，不僅懷報報國之心，還對漢室忠心耿耿。從他只領五千步兵，就能殺敵破萬，這不是一般人能做到的。因為後援未到，他避免漢軍受損過多，故意詐降欺敵，其功可以抵過，他的苟活，應是想找機會回報漢朝的恩情。」

單純的司馬遷說的都是真話，但真話沒人敢說，後援李廣利的問題，涉及到武帝錯誤用人的死穴，李廣利是武帝寵妃李夫人的哥哥，把李陵的用兵失敗與武帝用人的智慧混為一談，司馬遷信守對武帝的忠誠，凡事以「為國家好」為思考，卻無法透過多次與武帝的互動，觀察到主管的思維模式，甚至未能辨識朝中錯綜複雜的勢力爭權，讓自己陷入生死之劫。

同時，這場災禍也讓司馬遷與漢武帝從君臣相知走向君臣相怨的歧途。

●用恆毅力寫下地表最強的《史記》

司馬遷的發言，就是和武帝唱反調，偏偏武帝又是個做事高調又愛面子的主子，怎麼會認為李陵的事件是自己誤判形勢、用錯將領？甚至，在他的想法中，朝臣都該有為國「殺身成仁」的打算，李陵這樣的作為，怎麼算是忠臣名將？平日自己最欣賞也最提攜的司馬遷，不只沒站在自己的身邊為自己說話，甚至是，句句說到武帝的痛處，頻頻打了自己的臉，讓武帝聽得怒不可遏。雪上加霜的是，公孫敖謊報李陵為匈奴練兵，並非詐降，而是要結實地反擊漢朝後，武帝不只火了，滅了李陵全家，連為他說過話的司馬遷，也受到嚴重的牽連。司馬遷被廷尉以「欲沮貳師，為陵遊說」為由，背上誣罔之罪，這個大不敬的罪名，按律當斬。深陷囹圄的司馬遷真的嚇到驚呆了，他和李陵並非莫逆，只是關係一般的友人，但是，司馬遷敬重李陵的氣節人品，也把他當成戰場英雄。沒想到，史書沒寫成，卻為了挺自己的偶像李陵，搞得也得賠上一條命，他真的無言以對，也無法思考自己的下一步。

依照漢朝律令，擺在他眼前的只有兩條路可走，一是選擇慷慨赴死，為史官直言敢諫搏個美名；一是選擇辱身宮刑，為實現父志苟且偷生留下一部曠世史冊。

如此艱難的決定，如此痛苦的選擇，讓四十八歲的司馬遷幾度撐不下去。

在最絕望的時候，他想起了父親死前握住他的手，要他完成《史記》的臉龐，這場未竟之旅，他還是得撐完全程。司馬遷流下眼淚，想起父逝前，他立誓要守護這個神聖的史官事業，因而他做出讓人跌破眼鏡的決定。

他願受人間奇辱宮刑，他願以殘壞之軀，苟活地完成父親的理想，即便受到世人的輕賤和非議，也要活著把《史記》寫成。因為他懂得：「假令僕伏法受誅，若九牛亡一毛，與螻蟻何以異？」若他逞著義氣受到法律制裁而被處於死刑，或是義憤地自殘，這種作為就像九頭牛身上失去一根毛，也如螻蟻之死，無法讓堅守的理想實現。也正是這樣的苦難，讓司馬遷寫出史家之絕唱《史記》，就像西伯被囚禁而推演出《周易》；孔子受迫困蹇而寫成了《春秋》；屈原被楚王放逐而創作《離騷》；左丘明意外失明而完成《國語》；孫臏膝腿被截而撰修《孫子兵法》，面對眼前這些歷史長河中，即便身處驟變卻不放棄自己理想的聖哲，即便隱辱苟活，終能完成宏願的前輩，他選擇安靜地跟隨了。

司馬遷要為這些無名英雄而寫，他要為被遺忘的行誼而寫，透過文字記錄，讓後人記住這些不畏強權的人物，甚至讓他們透過自己的筆而能流芳萬世。

●《史記》是跨時代的史家驕傲

他曾經離皇權的核心如此近，曾經和武帝有過知遇之情，武帝對他禮遇，讓他能大量閱覽皇家收藏的文史經籍及檔案資料，讓他在查察資料或是寫作時，如魚得水，即便再苦悶，只剩最後一哩路了，他得要直挺挺地走完。

《史記》上自軒轅黃帝，下至漢武帝，一百三十篇，全書約五十二多萬字，是一部究天人之際，通古今之變，成一家之言的偉大著作，凡舉政治、歷史、天文、地理、哲學，無所不包，體系龐大有序，獨創以人為中心的紀傳體，以及史官秉筆直書「太史公曰」的體例，深厚的文學造詣，高超的藝術手法，筆下的人物展現獨特的性格與光彩，以本紀為例，共分十二本紀，以帝王為主，按年月記載全國發生的大事，其中〈秦本紀〉、〈項羽本紀〉、〈呂后本紀〉屬於《史記》中的變例。以表為例，共有十表，以時間為主軸，把重要的歷史大事或歷史人物，依照年代或時期，用表格的方式呈現出來。以書為例，共有八書，內容是記載典章制度的興廢與沿革，如《天官書》詳細描述星辰和人間的對應，日月運行及日食、月食、彗星、流星雨、太陽黑子等星象，兆示著祥瑞災禍。以世家為例，共分三十世家，記載諸侯、王的世系活動，盛衰興亡，分國按家敘述，其中〈孔子世家〉、〈陳涉世家〉、〈外戚世家〉屬於《史記》中的變例。以列傳為例，共分七十列傳，有單傳即專傳，一篇單述一人，如〈呂不韋列傳〉、〈李斯列傳〉等。還有合傳，一篇記述兩人或兩人以上，或因事蹟性質相似而合述在一起，如〈管晏列傳〉、〈仲尼弟子列傳〉等；或因彼此關係密切而合述於一傳，如〈廉頗藺相如列傳〉、〈魏其武安侯列傳〉等。至於類傳是將許多人物，依照他們的學術、技藝、行業等相類似的情況，以時間先後為序，記載於同一篇傳記中，如〈刺客列傳〉、〈佞倖列傳〉等。還有四夷傳則是記載邊疆各民族的概況，如〈匈奴列傳〉、〈朝鮮列傳〉等。加上附傳，是對於同一事蹟，或祖孫父子，於其下附載於此事相關的人，如〈李將軍列傳〉，寫李廣也並附其子李敢及其孫李陵之傳記，客觀地記載李陵將軍的事蹟，用了「國士」來統攝李陵是國家不可多得的人才，司馬遷不受世人眼光的箝制而影響自己對歷史真實的褒貶。最後的自傳即〈太史公自序〉，記載司馬遷的先祖、生平、撰寫《史記》的總序。

●在喧囂之外，安靜做自己的勇氣

司馬遷心中有冤屈，人生有變故，生命有打擊，連肉身都有殘缺，「就極刑而無慍色」面對煉獄之痛，忍人之不能忍，熬人之不能熬，強韌的恆毅力，在〈報任安書〉恰能窺見。曾幾何時，君心難測，武帝的喜怒，釀成司馬遷生命的大悲，一紙書信表述自己受到宮刑後的心路歷程，更是表明完成《史記》心志的宣誓之書，這篇文章文字真摯，文氣暢達，在在傳遞完成《史記》的決心，因而被譽為天下第一書。

《史記》是司馬遷生前卑微地活著，死後名傳千古的代表作，低調的司馬遷，死後的名氣橫亙千年，始終沒有過氣，哥永遠是史家一哥，他永遠是寫史的狂人一枚，董仲舒為他開啟《春秋》的眼界，孔安國以《古文尚書》替他扎下深厚的古文基礎，他們給足司馬遷著史的寫作方法，必須考據古文典籍，正確地撰述當時的歷史。同時，受到父親的影響，繼承孔子的「春秋筆法」，史官即為天官，必須謹守記錄史實的原則，具有替上天監督皇帝謹言慎行的作用。

司馬遷堅守史官必須學、才、識、德兼備，史官形象已不是口號，而是司馬遷一生實踐的事，也為後代史官樹立不可撼動的高道德標準。《史記》一如司馬遷的一生，追求的是「其文直、其事核、不虛美、不隱惡」的社會實錄精神。同時，司馬遷身為一位具有批判反抗精神的史官，思想比同代人站得更高，綻放的生命光彩比帝王更亮，青銅鑄史，鐵筆如椽，一代史聖安靜寫史，不計個人榮辱毀譽的悲壯人生，讓我們在喧囂之外，尋回生命初始的美麗與安靜。

〈報任安書〉

太史公牛馬走，司馬遷再拜言。

少卿足下：曩者辱賜書，教以慎於接物，推賢進士為務。意氣懃懃懇懇，若望僕不相師，而用流俗人之言。僕非敢如此也。雖罷駑，亦嘗側聞長者之遺風矣。顧自以為身殘處穢，動而見尤，欲益反損，是以獨鬱悒而與誰語。諺曰：「誰為為之？孰令聽之？」蓋鍾子期死，伯牙終身不復鼓琴。何則？士為知己者用，女為悅己者容。若僕大質已虧缺矣，雖材懷隨、和，行若由、夷，終不可以為榮，適足以發笑而自點耳。

書辭宜答，會東從上來，又迫賤事，相見日淺，卒卒無須臾之間，得竭志意。今少卿抱不測之罪，涉旬月，迫冬季，僕又薄從上雍，恐卒然不可諱，是僕終已不得舒憤懣以曉左右，則長逝者魂魄私恨無窮，請略陳固陋。闕然久不報，幸勿為過！

僕聞之，修身者，智之符也；愛施者，仁之端也；取予者，義之表也；恥辱者，勇之決也；立名者，行之極也。士有此五者，然後可以托於世，而列於君子之林矣。故禍莫憯於欲利，悲莫痛於傷心，行莫丑於辱先，而詬莫大於宮刑。刑餘之人，無所比數，非一世也，所從來遠矣。昔衛靈公與雍渠同載，孔子適陳；商鞅因景監見，趙良寒心；同子參乘，袁絲變色；自古而恥之。夫以中材之人，事有關於宦豎，莫不傷氣，而況慷慨之士乎！如今朝廷雖乏人，奈何令刀鋸之餘，薦天下豪雋哉？僕賴先人緒業，得待罪輦轂；二十餘年矣。所以自惟：上之，不能納忠效信，有奇策材力之譽，自結明主；次之，又不能拾遺補闕，招賢進能，顯岩穴之士；外之，不能備行伍，攻城野戰，有斬將搴旗之功；下之，不能積日累勞，取尊官厚祿，以為宗族交遊光寵。四者無一遂，苟合取容，無所短長之效，可見於此矣。鄉者，僕亦嘗廁下大夫之列，陪外廷末議，不以此時引維綱，盡思慮，今已虧形為掃除之隸，在闒茸之中，乃欲卬首伸眉，論列是非，不亦輕朝廷，羞當世之士邪？嗟乎！嗟乎！如僕，尚何言哉！尚何言哉！

且事本末未易明也。僕少負不羈之材，長無鄉曲之譽，主上幸以先人之故，使得奏薄伎，出入周衛之中。僕以為戴盆何以望天，故絕賓客之知，亡室家之業，日夜竭其不肖之材力，務一心營職，以求親媚於主上，而事乃有大謬不然者！

夫僕與李陵俱居門下，素非能相善也，趣舍異路，未嘗銜杯酒，接殷勤之餘歡。然僕觀其為人，自守奇士，事親孝，與士信，臨財廉，取予義，分別有讓，恭儉下人，常思奮不顧身，以徇國家之急。其素所蓄積也，僕以為有國士之風。夫人臣出萬死不顧一生之計，赴公家之難，斯已奇矣。今舉事一不當，而全軀保妻子之臣隨而媒孽其短，僕誠私心痛之！且李陵提步卒不滿五千，深踐戎馬之地，足歷王庭，垂餌虎口，橫挑強胡，卬億萬之師，與單于連戰十有餘日，所殺過當。虜救死扶傷不給，旃裘之君長咸震怖，乃悉征其左、右賢王，舉引弓之民，一國共攻而圍之。轉鬥千里，矢盡道窮，救兵不至，士卒死傷如積。然李陵一呼勞軍，士無不起，躬自流涕，沫血飲泣，更張空拳，冒白刃，北嚮爭死敵者。陵未沒時，使有來報，漢公卿王侯皆奉觴上壽。後數日，陵敗書聞，主上為之食不甘味，聽朝不怡，大臣憂懼，不知所出。僕竊不自料其卑賤，見主上慘愴怛悼，誠欲效其款款之愚，以為李陵素與士大夫絕甘分少，能得人之死力，雖古之名將，不能過也。身雖陷敗，彼觀其意，且欲得其當而報於漢。事已無可奈何，其所摧敗，功亦足以暴於天下矣。僕懷欲陳之，而未有路，適會召問，即以此指，推言陵之功，欲以廣主上之意，塞睚眥之辭，未能盡明。明主不曉，以為僕沮貳師，而為李陵遊說，遂下於理。拳拳之忠，終不能自列。因為誣上，卒從吏議。家貧，貨賂不足以自贖，交遊莫救，左右親近不為一言。身非木石，獨與法吏為伍，深幽囹圄之中，誰可告愬者？此真少卿所親見，僕行事豈不然乎？李陵既生降，隤其家聲，而僕又佴之蠶室，重為天下觀笑。悲夫！悲夫！事未易一二為俗人言也。

僕之先人非有剖符丹書之功，文史、星歷近乎卜祝之間，固主上所戲弄，倡優所畜，流俗之所輕也。假令僕伏法受誅，若九牛亡一毛，與螻蟻何以異？而世又不與能死節者比，特以為智窮罪極，不為自免，卒就死耳。何也？素所自樹立使然也。人固有一死，或重於泰山，或輕於鴻毛，用之所趨異也。太上不辱先，其次不辱身，其次不辱理色，其次不辱辭令，其次詘體受辱，其次易服受辱，其次關木索被箠楚受辱，其次剔毛髮，嬰金鐵受辱，其次毀肌膚，斷肢體受辱，最下腐刑極矣。傳曰：「刑不上大夫。」

此言士節不可不勉勵也。猛虎處深山，百獸震恐，及其在檻阱之中，搖尾而求食，積威約之漸也。故士有畫地為牢勢不可入，削木為吏議不可對，定計於鮮也。今交手足，受木索，暴肌膚，受榜箠，幽於圜牆之中，當此之時，見獄吏則頭搶地，視徒隸則心惕息，何者？積威約之勢也。及以至此，言不辱者，所謂強顏耳，曷足貴乎？且西伯，伯也，拘於羑里；李斯，相也，具於五刑；淮陰，王也，受械於陳；彭越、張敖，南面稱孤，繫獄抵罪；絳侯誅諸呂，權傾五伯，囚於請室；魏其，大將也，衣赭衣，關三木，季布為朱家鉗奴，灌夫受辱於居室。此人皆身至王侯將相，聲聞鄰國，及罪至罔加，不能引決自裁，在塵埃之中，古今一體，安在其不辱也？由此言之，勇怯，勢也；強弱，形也。審矣，何足怪乎？夫人不能蚤自裁繩墨之外，以稍陵遲，至於鞭箠之間，乃欲引節，斯不亦遠乎！古人所以重施刑於大夫者，殆為此也。

夫人情莫不貪生惡死，念父母，顧妻子，至激於義理者不然，乃有所不得已也。今僕不幸，蚤失父母，無兄弟之親，獨身孤立，少卿視僕於妻子何如哉？且勇者不必死節，怯夫慕義，何處不勉焉！僕雖怯懦欲苟活，亦頗識去就之分矣，何至自沉溺縲紲之辱哉？且夫臧獲婢妾，猶能引決，況僕之不得已乎？所以隱忍苟活，幽於糞土之中而不辭者，恨私心有所不盡，鄙陋沒世而文采不表於後世也。

古者富貴而名摩滅，不可勝記，唯倜儻非常之人稱焉。蓋文王拘而演《周易》；仲尼厄而作《春秋》；屈原放逐，乃賦《離騷》；左丘失明，厥有《國語》；孫子臏腳，《兵法》修列；不韋遷蜀，世傳《呂覽》；韓非囚秦，《說難》、《孤憤》；《詩》三百篇，大抵聖賢發憤之所為作也。此人皆意有所鬱結，不得通其道，故述往事、思來者。乃如左丘無目，孫子斷足，終不可用，退而論書策，以舒其憤，思垂空文以自見。

僕竊不遜，近自托於無能之辭，網羅天下放失舊聞，略考其行事，綜其終始，稽其成敗興壞之紀，上計軒轅，下至于茲，為十《表》，《本紀》十二，《書》八章，《世家》三十，《列傳》七十，凡百三十篇。亦欲以究天人之際，通古今之變，成一家之言。草創未就，會遭此禍，惜其不成，是以就極刑而無慍色。僕誠已著此書，藏之名山，傳之其人，通邑大都，則僕償前辱之責，雖萬被戮，豈有悔哉！然此可為智者道，難為俗人言也！

且負下未易居，下流多謗議。僕以口語遇遭此禍，重為鄉黨所戮笑，以污辱先人，亦何面目復上父母之丘墓乎？雖累百世，垢彌甚耳！是以腸一日而九回，居則忽忽若有所亡，出則不知其所往。每念斯恥，汗未嘗不發背沾衣也！身直為閨閤之臣，寧得自引深藏於巖穴邪？故且從俗浮沉，與時俯仰，以通其狂惑。今少卿乃教以推賢進士，無乃與僕私心剌謬乎？今雖欲自雕琢，曼辭以自解，無益，於俗不信，適足取辱耳。要之，死日然後是非乃定。書不能悉意，故略陳固陋。謹再拜。

星座分析

雙子座的你會愛上這樣的孟子？

在七國爭雄的戰國時期，人人欲以武力統一天下，孟子反其道而行，宣揚「欲正人心，息邪說，距詖行，放淫辭」的仁政。崇拜孔子之學的孟子，拿自己的全部去賭一個信念——學孔子也。因此，孟子曾效仿孔子，與門徒周遊列國，雖然沒有成功說服齊宣王、梁惠王、滕文公推行仁政，但是他的巧妙對應、冷靜觀察，從不得罪人，卻也幫自己掙得爆棚的人氣。

孟子以性善與四端來補充孔子「仁」學理論，提出「民為貴，社稷次之，君為輕」的民本思想。雙子座聰明機智、善言雄辯，具有敏銳的觀察力，是天生的社交家，看到咱們孟子哥，天生的幽默感，配上跨域的思想，在百家蜂起爭鳴的時代，左打楊朱、右打墨翟，一夫當關、萬夫莫敵的氣魄，讓雙子座看到目不轉睛了。

在重利輕義的戰國時代，企圖從義利之辨來說明道德的重要，曾被打臉嚴重，但性格溫暖的孟子，像循循善誘的老師，提倡以德服人的仁政，反對武力制人的霸政，加上舍我其誰的精神，自然成為雙子座會想學習與崇拜的對象。

善於調整自己的人生步調的雙子，應變創新力也是地表最強的，當孟子推廣仁政受挫後，揪同弟子退隱田園館舍，一起著書立說的折衷做法，提供雙子座人生選項的大智慧——被孟子培養出的英才有優秀的樂正子、公孫丑、萬章等，著《孟子》七篇，留給後世莫大的智慧財。孟子是不是雙子座心中潮人物的最佳代表呢？

戰國奇葩說盟主——予豈好辯哉的孟子大大

●賠錢的生意有人做嗎？

你會花錢做ＳＰＡ、吃大餐、買車、買包？還是會花錢買仁、買義、買美德？戰國時代有個人，他不管國君懂不懂，每天抓著他們不放，說仁道義，不只臉不紅氣不喘，還優雅的很。

他相信人生一切難題，唯有「仁」可以給你答案。

他更是推銷王道的超級業務員。他究竟是何方神聖？

他是孟子，原名孟軻，戰國時代思想家、政治家，更是當代舌戰群雄的儒家代表。

別人談的是名和利，他反其道而行，和你談仁說義？

他如何從零說到百千萬，最後，竟變成戰國奇葩說擂台賽的盟主？

●你要什麼，媽媽買給你

孟子此生最大的幸運是曾經當過媽寶。

《三字經》：「昔孟母，擇鄰處，子不學，斷機杼。」孟子是世上只有媽媽好的受惠者。孟母不只擁有地表最强的教養術，也深諳青少年杏仁核蓬勃，賀爾蒙旺盛，常利用機會教育、輔以道理與故事與小孟溝通。

孟母曾住在墳墓附近，小孟軻就學怎麼出殯和哭靈，亞聖差點變成通靈少男。孟母見狀，帶著孟子搬到市場附近。不久後，小孟軻就愛上商販街頭叫賣哥的工作，孟母自覺不妥，再搬至書院旁住下。這就是「宿喪其父，幼被慈母三遷之教」的教養典範。

甚至，孟母還用「斷織」來警喻「輟學」，讓年輕玩心尚重的孟子能有所省悟，體會讀書與做人都要全神貫注，持之以恆，如果虎頭蛇尾、半途而廢，必然一無所成。孟母還以「買肉啖子」教孟子誠實不欺、說到做到的品德。即便豬肉「貴森森」，孟母拚個家徒四壁，誠信這條路踏上了，跪著也要走完，作法令人讚歎。孟母「慈母」的照片，不用開柔焦，素顏也超美的。

一次好的教養術，抵過無數次的苦口婆心，孟母強大的教養術，讓另類媽寶小孟軻，最後蛻變成僅次於孔子的亞聖。

● 寧願刷爆卡買義，也不貪求眼前小利

如果，孔子是「至聖先師」，孟子就是孔子之後的第二把交椅。對於「亞聖」這個封號，生前孟子是無福領受，但是他對孔子的景仰與崇拜，一生把孔

子學說忠實闡揚的初衷，堪稱孔子的第一鐵粉。一如他在〈公孫丑上〉說：「自生民以來，未有盛於孔子也」、「乃所願，則學孔子也」。他對孔子的景仰如滔滔江水，連綿不絕，又如黃河氾濫，一發而不可收拾。

孟子更進一步把孔子的仁道，擴大為有用的仁義——《孟子．離婁上》：「三代之得天下也以仁，其失天下也以不仁。國之所以廢興存亡者亦然。天子不仁，不保四海；諸侯不仁，不保社稷；卿大夫不仁，不保宗廟；士庶人不仁，不保四體。今惡死亡而樂不仁，是猶惡醉而強酒。」

意思是說：夏、商、周三代能得天下是因為追求仁愛，他們最後失去天下也是因為不再追求仁愛。諸侯國家的興盛、衰敗、生存、滅亡的主因大抵如此。天子不堅守仁愛，就無法保全天下；諸侯不堅守仁愛，就不能保全國家；公卿大夫不堅守仁愛，就不能保住自己的家族；士階級和百姓不堅守仁愛，就不能保全自身安全。憎惡身死事敗但不堅守仁愛，就像厭惡醉酒的感覺，卻偏要喝酒一樣。

孟子在這裡論辯的厲害邏輯是：他並不是不和你談利益，而是要我們把眼光放得長遠些，寧願刷爆卡買義，也不能貪求眼前小利。我們應以仁義之道，開創生命更為廣闊的價值。他不同意你刷爆卡買包，卻同意你刷爆卡買義。當你把仁義當做追求目標，大則可得天下，小則滿足個人求利、求名、求自尊的欲望。孟子認為真正的義是求取生命真正的利，與其當個土豪，不如當個俠士更帥呀！

● 因此，孟子提出先義後利、重義輕利的治國方向。

● 戰國收視爆表的奇葩說

戰國時代的九流十家，都擁有高速運轉的腦子，善於說話的辯士們成立一個「奇葩說」集團。他們希望透過辯論，不斷尋找觀點的過程，讓自己和他人重新認識世界。他們不是富二代，官二代，出身的起點甚至比一般人低，不過他們上進，靠著自己的學養與口才，自動找議題，找挑戰者，只要說得贏，又說得動聽，就能贏得爆棚的高人氣，甚至為自己立馬圈粉。不只快速離開魯蛇圈，走著走著，社交圈子也自動升級了。你會聽見擂台下粉絲們大喊：孟孟，孟孟，我愛你的嘶吼聲。

孟子就是每天都讓自己進步一點的逆襲男。

這個時代，各家觀點如百花盛開，各種學說派別如雨後春筍般出現，辯士們的遍地開花、各自美麗，呈現包容、多元的時代價值。國君看著各國思想的奇葩之士，紛湧而至，經由辯題讓國君省思自己治國的手腕，面對國君隨時丟出的潮議題，辯士們展現其思想的廣博與深邃。每個人都期待自己是辯士圈最會說話的人。他們提倡的人生價值觀和生活方式大都迥異，但因邏輯縝密、舉證妥貼，各領風騷，讓信服者聽得心服口服，點頭如搗蒜。

當時國君們還是想要富國強兵，諸多逆襲的魯蛇辯士，因為投其所好頗受禮遇。但是，「奇葩說」集團的翹楚孟子，他不和國君談霸道，他反其道地和國君談冷門的王道。冷僻的政治思想，卻因三寸不爛之舌，說得國君們七暈八素，想反駁卻說不過辯才無礙的孟子。他藉由與滕文公、齊宣王的對話，亟欲拓展國君們的視域，翻轉國君看待問題的角度和胸懷，從中讓他們省思利與義的奧義。剛開始，孟子談利與義和馬斯洛（Abraham Harold Maslow，1908-1970）需求理論相仿，他認為：有恆產者有恆心，無恆產者無恆心。當你有了穩定職業、土地、房屋、田園等固定財產（恆產），你才有能力走向道德的自我實現。

他曾如此溫暖的捧出真心，希望國君求仁得仁，利義雙收。

●推銷仁道的超級業務員

孟子對推銷仁道是有強烈使命感的，才華橫溢的孟子，猶如教授般引經據典、慷慨為各國君免費授課。這份熱情讓他變身為超級業務員，對於自己行銷的「仁道」商品，雖然眼睛看不到、手上摸不著，窮其一生，靠著熱情積極、正向思考、善溝通、不欺騙的特質，還是強勢行銷到各國。透過為仁道背書，為悽悽徨徨的亂世，找個安頓自己的真理，也為世界留個美善的真相。其思考問題的體系，看待事情的角度，都承襲孔聖人的仁。

於情，於理，當孟子越接近孔子的仁道，看得越多，便越寬容；聽得越多，便越開闊。但，捍衛儒學，堅守孔子仁道的他為何又會說出：「予豈好辯哉？予不得已也。」正因為這個時代只講霸道，不談王道，只談利，不說義。《孟子．滕文公下》：「楊氏為我，是無君也；墨氏兼愛，是無父也。無父無君，是禽獸也。」他把楊朱、墨子打到禽獸階級，這個打臉打得可大力又凶悍了。

孟子的快人快語，有話直說，來自於他認為推銷（sell）的是一種價值、觀念，甚至是他們自己。

一如孟子見梁襄王。出語人曰：「望之不似人君，就之而不見所畏焉。」言談常常有出人意表的地方，難道他不怕自己項上人頭不保？怎敢對君主說出：遠望毫無威儀，怎麼看都不像做君主的樣子，走到面前，也找不著讓自己畏敬的地方。

孟子對「寡人有疾，寡人好勇；寡人有疾，寡人好色；寡人有疾，寡人好貨」的齊宣王，時常在對話時善藏比喻、對比、假設，來以古諷今，指桑罵槐。或許，兩人互相欣賞過，孟子有著恨鐵不成鋼的心情，多次勉勵，企圖能扭轉齊宣王的錯誤觀念，最終又因理念不合而走上分手一途。

至於，他對梁惠王的咄咄逼人，不只說到把梁惠王逼到自認：「寡人非能好先王之樂也，直好世俗之樂耳。」最後，更以音樂為喻勸勉梁惠王與民同樂，口才之便給，更是令人驚歎不已。

孟子好辯且善辯，言談具有智慧哲理的思辨力，同他辯論的國君儘管不同意他的觀點，但也不得不心悅誠服他的論點高妙。如《孟子．梁惠王上》：「夫子言之，於我心有戚戚焉。」甚至還主動發出「寡人願安承教」的討拍文。

●勝率最高的辯士VS與人為善的心

孟子的仁道思想成為儒家另類的爆款之作，也成為力抗群雄的儒家擁護者。勝率奇高的孟子，逼得大家瘋傳一個小道消息：如果不想輸，就千萬別跟孟子辯論。因而，孟子常常不戰而勝，成為獨步天下、縱橫捭闔的奇葩說勝率最高的盟主，這樣的孟子是不是「很威」？

除了楊墨躲不過孟子的槍林彈雨，許行、告子、子莫都常常躺著也中槍。不過，你如果認為孟子是處處為敵，腹黑心狠的辯士，也是錯看了他。

孟子曰：「子路，人告之以有過則喜。禹聞善言則拜。大舜有大焉，善與人同。舍己從人，樂取於人以為善。自耕稼陶漁以至為帝，無非取於人者。取諸人以為善，是與人為善者也。故君子莫大乎與人為善。」

意思是：孟子說子路這個人，不但不忌諱他人指正自己的過錯，反而會因此而感到喜悅；夏禹則是聽聞他人提出很好的建議，虛心接受。舜心胸更寬厚，無論是自己的親友或陌生人，他都善於拋棄個人成見，廣納他人建議，樂於吸取他人的優點來為善，甚至推己及人。從他還是農夫開始，到他從事陶土製造、當了漁夫，甚至成為君王，依舊延續與人為善的好脾性。採納他人的長處為自己的長處，吸取他人為善的經驗，持續行善並推行於他人，等於幫助他人行善。

因此君子的至高美德，就是幫助他人行善，為善最樂！

孟子其實是一個能自勉自己要放下成見、廣納他人優勢的海綿。把別人的優點拿來，變成自己的優長，與人為善，人生就沒有太多矛盾。或許，在孟子的內心深處是相信著：化解與人的衝突，才能真正踐行仁道。

●進擊的仁道——終極擁護者

孟子在漫長為仁道辯護的職涯，他提出性善說、民本思想，現在看來都是又先進又前衛的思維，關於仁這件事的堅信，讓他持續走在對的軌道上。

孟子曰：「魚，我所欲也，熊掌，亦我所欲也；二者不可得兼，捨魚而取熊掌者也。生，亦我所欲也，義，亦我所欲也；二者不可得兼，捨生而取義者也。」意思是：魚，是我想要的東西；熊掌，也是我想要的東西。如果兩樣東西不能一齊得到，只好放棄魚而要熊掌。生命，也是我想要的；正義，也是我想要的。如果生命和正義不能夠同時得到，只好犧牲生命來保住正義。

孟子重仁義、輕功利，主張君王施行仁政，以成就「王道」。甚至，要國君以權衡利害作為施政的主要考量，應當立即捨棄「霸道」。優秀的孟子，仁道終極的擁護者，不只在當代踽踽獨行，死後也因時代進入秦漢帝國期而沉寂許久的時間，甚至是哲學史上叫好不叫座的悲情人物。

直至中唐韓愈〈原道〉：「堯以是傳之舜，舜以是傳之禹，禹以是傳之湯，湯以是傳之文武周公，文武周公傳之孔子，孔子傳之孟軻；軻之死，不得其傳焉。」韓愈不但把他從暗黑的地窖解放出來，還自動升級孟子，讓他能媲美孔子，而且韓愈認為自孟子之後，儒家道統的傳承就如斷線的風箏，中斷了。中唐之後，孟子因伯樂韓愈成為儒家進擊的巨人，過關斬將地成為儒家唯一繼承孔子「道統」的人物，搏得「孔孟」並稱的評價。孟子因韓愈成功「升格」的機遇，奠定亞聖的地位。

孟子此生在說與不說，讓與不讓的仁道旅程中，為世人做出不負孔子不負仁的典範。

#《孟子》摘文

（一）

孟子見梁惠王。王曰：「叟！不遠千里而來，亦將有以利吾國乎？」孟子對曰：「王何必曰利？亦有仁義而已矣。王曰：『何以利吾國？』大夫曰：『何以利吾家？』士庶人曰：『何以利吾身？』上下交征利，而國危矣。萬乘之國，弒其君者，必千乘之家；千乘之國，弒其君者，必百乘之家。萬取千焉，千取百焉，不為不多矣。苟為後義而先利，不奪不饜。未有仁而遺其親者也，未有義而後其君者也。王亦曰仁義而已矣，何必曰利！」（《孟子．梁惠王上》）

（二）

梁惠王曰：「寡人之於國也，盡心焉耳矣。河內凶，則移其民於河東，移其粟於河內；河東凶亦然。察鄰國之政，無如寡人之用心者。鄰國之民不加少，寡人之民不加多，何也？」

孟子對曰：「王好戰，請以戰喻。填然鼓之，兵刃既接，棄甲曳兵而走，或百步而後止，或五十步而後止，以五十步笑百步，則何如？」

曰：「不可。直不百步耳，是亦走也。」曰：「王如知此，則無望民之多於鄰國也。不違農時，穀不可勝食也；數罟不入洿池，魚鱉不可勝食也；斧斤以時入山林，材木不可勝用也。穀與魚鱉不可勝食，材木不可勝用，是使民養生喪死無憾也。養生喪死無憾，王道之始也。五畝之宅，樹之以桑，五十者可以衣帛矣；雞豚狗彘之畜，無失其時，七十者可以食肉矣；百畝之田，勿奪其時，數口之家，可以無飢矣；謹庠序之教，申之以孝悌之義，頒白者不負戴於道路矣。七十者衣帛食肉，黎民不飢不寒，然而不王者，未之有也！狗彘食人食而不知檢，塗有餓莩而不知發。人死，則曰：『非我也，歲也。』是何異於刺人而殺之，曰：『非我也，兵也。』王無罪歲，斯天下之民至焉。」（《孟子．梁惠王上》）

星座分析

巨蟹座的你會愛上這樣的李煜？

李煜天生的燦爛笑容，對美好事物的品味很高，風儀俊美，才華橫溢，無論書法、繪畫、音律、詩詞文，樣樣皆精。生不逢時的他，被迫在烽火連三月的五代十國，領軍征戰，別人以為他是風花雪月、醉生夢死之徒，殊不知天性不愛爭搶的李煜，只能把幽幽愁恨寄情於詞作，違逆性格的現實，讓他的後半生都活得很揪心。

巨蟹座是十二星座中最具有母性的星座，愛家、戀家，願意為所愛的人付出一切，是再暖不過了。巨蟹座遇到李煜，是秒懂了，也心疼了。

亡國前，李煜以華麗溫馨的濾鏡

寫著宮廷歡樂的生活；亡國後，李煜以哀怨淒絕的濾鏡寫著幽禁悲傷的時光。做了北宋的俘虜，內外皆困的階下囚歲月，這位「被政治耽誤的文學家」，乾脆把內心深處的小孩藏起來了，艱苦的滋味，動輒得咎的非人生活，讓他築起防衛心態，李煜不再是李煜，他長年借酒澆愁，刻意用「無所謂」當做武裝自己的外殼，那顆善感柔軟的詞人內心，讓巨蟹座看了有種說不出的虐心。巨蟹座知道，李煜唯有置身在創作的時光，才能找回簡單澄淨的力量，難怪王國維評論後主「詞人者，不失其赤子之心者也」。

跌墜到人生谷底的亡國之君，靜默獨思地把自己封閉得更深沉了。一闕懷鄉戀舊的詞作，讓他死後靠著千古絕唱的絕命詞，讓人拼湊出「千古詞帝」繁華落盡後的悲鳴人生，我望見巨蟹座為他落淚的模樣，李煜為巨蟹留住心底一抹浪漫溫柔，讓他們找到寧靜致遠的可能。

因詞而生的佛系雅痞皇帝

——官三代的模範生李煜

身為南唐領導階級的第三代，祖父李昪的驍勇善戰，打下南唐富庶的江淮之地。父親李璟是位有藝術素養的皇帝，宮中藏有豐富的墨寶典籍，讓生在帝王之家的李煜，不僅琴、棋、書、畫、詩、酒、花、茶樣樣精通，聰穎有才、容貌出眾的他，還因「豐額駢齒，一目重瞳」的「重瞳」有帝王之相的預示。不過，父親李璟知道李煜向來無稱帝之志，這個什麼都不想、什麼都不Care的佛系皇六子，整日流連於吟詩作對的生活，如果真給他當上皇帝，南唐的命運可能會岌岌可危。因此，他從不在接班名單內。

所謂「有心栽花花不開，無心插柳柳成蔭」。李煜看淡皇位的爭名奪利，他不喜歡花力氣、動腦袋想如何和北方強國競合。他寄情山水，對於朝政大事無感至極。養尊處優、生活優渥的他，只想待在金陵，整天發發廢文，逛逛拍賣，甚至寫下〈漁夫〉明志：「一壺酒，一竿身，快活如儂有幾人？」嚮往逍遙自在的生活，當位閒雲野鶴的隱士是他原本追求的人生，從「蓮峰居士」、「鍾峰隱者」字號可知。

●玩咖登基的命運轉盤

命運不給李煜前衛雅痞的路走，本該當皇帝的兄長李弘冀十九歲暴卒，排在前面的皇叔、五個皇兄接連身亡，李煜陰錯陽差地擠上皇位接班，連說「不」的權利都沒有，這個皇位是命運硬塞給他的。

從此風花雪月的詩詞之筆，變成批改奏章的案牘之筆。命運要他當勵精圖治的皇帝，但他骨子裡就是個只管自己的雅痞邊緣人，沒有治國本領的他，扛起了南唐的家業，撐起風雨飄搖的南唐國祚，這注定是場多情卻悲情的結局。

二十五歲接了帝位，這位雅痞皇帝也想一改舊有習氣，替生民做事。根據《太玄·元告》說：「日以煜乎晝，月以煜乎夜」，煜是光明和希望的象徵，他把本名「從嘉」改為「煜」，字「重光」。由此可知，與世無爭的他，扛了南唐的招牌，也想恢復祖父光復失土的榮光。李煜一心想任命韓熙載為宰相，但盛傳韓熙載生活狂放奢靡、放蕩不羈，李煜派畫家顧閎中、周文矩、高太衝夜潛韓宅，畫出藏著情報的《韓熙載夜宴圖》。

看到圖畫中「多好聲妓，專為夜宴」的韓府景況，李煜心冷了。面對南唐的未來，他還可以找誰陪他一起走……

每被李煜點明的宰相人選，都有千百種藉口拒絕。李煜被佞臣阿諛奉承之語迷眩，讓他開始錯判形勢，南唐的處境每下愈況。史載李煜「性驕侈，好聲色，又喜浮圖，為高談，不恤政事」，在朝政上的力不從心，只能繼續向北方降格稱臣，納貢割地，苟安於金陵。他變成一個天天只會刷黑卡的過氣昏君。一如〈喜遷鶯〉：「曉雲墜，宿雲微，無語枕頻欹。夢迴芳草思依依，天遠雁聲稀。鶯啼散，餘花亂，寂寞畫堂深院。片紅休掃盡從伊，留待舞人歸。」意思是：「破曉殘月已慢慢落下，夜裡薄雲慢慢消散，我卻無言地在枕上輾轉反側、難以入眠。午夜夢迴，夢見自己思念的人，芳草天涯離情依依。本想借由雁隊與遠方的人互傳相思之情，可惜遙遠的天邊傳來的征雁唳聲越來越稀遙。啼鶯彌散、餘花零落，畫堂深院更增離人愁緒的冷清寂寞。庭中滿地的落花，就不掃吧，任由飄落庭前，等我思念的人翩翩回來觀之。」李煜以景喻情，把相思之情的痛楚，藉由文字排遣春傷人遠離的迷亂。國難當前，他仿若是個玩物喪志、縱情聲色的昏君，危急之際，皇帝還和大臣們搞「趴踢」和黨派鬥爭，還在宮內開個朝臣會客室，來個悲秋傷春、談情說愛，這樣的玩咖真能帶給南唐當初說好的——歲月靜好的允諾？

●不要再當雅痞，你該是扛霸子

南唐國難當前，雅痞皇帝腦裡想的果真是食衣住行的生活細瑣？而不是如何解決國情贏弱的困境？無法專注於案牘勞形的公務，生性浪漫又無法應對複雜詭譎的人際，李煜到底怎麼撐下去？即便他天天慷慨地讓群臣喝著南唐特調 Starbucks，打造二十四小時不打烊的南唐誠品，讓妻妾身穿南唐手製的 Prada、Gucci，還賞給群臣大來無限卡，刷刷刷，國難當前，李煜帶頭和群臣刻意漠視自己的責任，沉溺在品啜生活的美感，他企圖打造南唐心靈的桃花源，來逃避眼前家國現實的蹇困。

尤以敵人曹彬領軍打到家門前，他為使金陵不要變成殺戮戰場，肉袒出降，當英雄是要付出代價的，再苦，他肩上扛的是南唐人民的人生；再酸，他身上背的是先祖的心願，只要能抓住南唐人民穩當生活的百分之一機會，只要百姓還能平安，他願意賭上自己的尊嚴，賠上自己的驕傲。接著，他與子弟四十五人一起被趙匡胤俘去汴京幽禁，在歷史的關鍵時刻，他忠於自己的天命，選擇的是面對而不是逃離。只是「一旦歸為臣虜，沉腰潘鬢消磨」的李煜，不僅被趙匡胤戴上「違命侯」的侮辱大帽，為求南唐能一世安穩，他竟違心地大呼萬歲，叩頭謝恩。內外交迫、身居囹圄的李煜體會到生不如死的滋味。

如果，他能早點看透南唐要的不是「飛訊」的時尚品牌，人民要的是能帶他們脫離天災人禍苦難的扛霸子，或許他與敵軍狹路相逢，抑或是出場與亮相，不會輸得這樣悽慘可憐。南唐的末代皇帝不是權謀之人，活得像個高度文化教養的藝術雅痞，身不逢時的他，輸得讓人同情，敗得讓人心疼。李煜真的不懂五代十國拚的是武力，不是人情。它是紅海時代不該用藍海策略，期待攜手共創美好的癡想。年年忍著萬般屈辱，就是不讓窮途末路的南唐吹起熄燈號，但在無情命運的轉盤上，李煜無法如願以償——他背上亡國君的千古罪名。

●對的時間，遇到對的人，是一生幸福

李煜是個謙謙君子，娥皇是聰慧嫻靜的女子。娥皇曾得到〈霓裳羽衣曲〉的殘譜，竟能以琵琶彈出全曲，使失傳多年的曲子，再現於世。不只讓李璟稱其靈巧，還特賜「燒槽琵琶」給她。愛情故事的開始美得像闋詞，有精通書史，長於歌舞，工於琵琶的娥皇，李煜成功打造了南唐藝文沙龍。李煜與娥皇一見鍾情，遇見一位理解自己心事的女子娥皇，這是上天送給他的大禮。李煜為娥皇籌辦羨煞他人、轟動南唐上下的世紀婚禮。

兩人心靈和思想交融，志趣相投、性情相契，此刻的他，眼裡、心裡都是娥皇。與大周后在一起時，彷彿找到女版的自己，有種莫名的「親切感」，他欣賞娥皇自創的高髻纖裳和首翹鬢朵妝，獨特的妝容在宮中瘋傳，女子紛紛效尤。

娥皇在酒酣耳熱的歡宴，常常粉頰紅暈，風情萬種地舉杯相邀後主共飲、起舞，如此真情又多才的娥皇，讓李煜寫下史上最露骨濃情的熱戀詞〈一斛珠〉：「曉妝初過，沉檀輕注些兒個。向人微露丁香顆，一曲清歌，暫引櫻桃

破。羅袖裛殘殷色可，杯深旋被香醪涴。繡牀斜憑嬌無那，爛嚼紅茸，笑向檀郎唾。」意思是：娥皇剛剛梳理過的晚妝，雙唇再抹上檀色的唇膏。臉上含笑未唱，露出像丁香花蕾般的舌尖，微張的櫻桃小口，流露婉轉如黃鶯般的清歌。娥皇滿臉嬌憨地大杯喝美酒，唇角微濺酒滴，她以羅袖輕拭唇角，袖上殘留殷紅的唇膏酒痕，還會在意羅衣被汙濕弄髒嗎？娥皇醉意闌珊的時候，斜偎在繡床邊，嬌美豔麗、風情無限。嬌嫩小手輕拉臥榻的紅絲被子，扯捏出一根紅絨線，放進小嘴咀嚼著，依偎著輕啟朱唇，嫣笑含情吐向意中人。

詞中李煜把娥皇從化妝出場到赴宴終場的過程，娥皇敢愛敢恨的鮮明性格，不僅容貌壓倒群芳，她對李煜既情深也專情，夫妻兩人的閨房樂趣，男女歡情的旖旎時光，躍然紙上。

李煜是真心喜歡娥皇的，與她談詩詞、書畫、音樂，多能排遣政事的無力感。監察御史張憲見此上章切諫。忠直敢言的張憲，得到李煜賜給他帛三十四後，情況並無改善，李煜還寫下〈玉樓春〉，歌頌夜晚金陵宮廷太平宴樂的情景：「晚妝初了明肌雪，春殿嬪娥魚貫列。笙簫吹斷水雲間，重按霓裳歌遍徹。

臨春誰更飄香屑？醉拍欄杆情味切。歸時休放燭花紅，待踏馬蹄清夜月。」意思是：畫完晚妝的娥皇，肌膚像雪一般明亮潔白，在春意籠罩的宮中，井然有序排列著的美麗宮妃嬪娥。放任地讓笙簫的聲音在水雲之間停歇，〈霓裳羽衣曲〉美妙的旋律滿布通透。春天時分，是誰臨風飄灑或燃燒百合香味的香料？帶著醉意，應和著樂曲的節奏拍擊闌干，興致愈覺得濃。席散歸去，不要點燃紅燭，大家跨上馬背，踏著清靜朗潔的月色歸回，是不是會更好？

從一場春日奢華豪麗的夜宴開展，嬪娥們的濃妝豔抹，音樂悠揚、器物華美。李煜與大周后在〈霓裳羽衣〉中展現情愛篤深、歡愉無比的心境。飄香之風的助興、醉拍闌干的恣意狂態、踏月醉歸的雅趣，李煜無一句寫「樂」，卻無處不見「樂」的氣息。李煜夫妻的生活不像帝王家的苛煩，反像一對雅痞夫妻充滿生活的逸興雅致。這個時期的李煜因為生活奢華美好，詞作多以描寫生活的風花雪月，抒發帝王的綺靡生活為主，沿襲西蜀花間的詞風。

●錯的時間，遇到對的人，是一段荒唐

整天周旋與大周后調情的李煜，忘卻南唐復興的使命，和娥皇在一起的幸福，讓他在政治上的痛苦和屈辱被沖淡些，但短暫的幸福並無法抵擋命運無情地鞭笞。

娥皇在李煜繼位第四年，患了重病，久病在床。孝順為母祈福的愛子從高椅上跌墜而死。雪上加霜的打擊，讓體弱的娥皇命在旦夕。壓倒娥皇的最後一根稻草是：自己的親妹妹周薇和自己最愛的男人李煜相戀了。李煜在〈菩薩蠻〉寫下兩人私會的情景：「花明月暗飛輕霧，今宵好向郎邊去。剗襪步香階，手提金縷鞋。畫堂南畔見，一向偎人顫。奴為出來難，教君恣意憐。」意思是：美麗的花朵，朦朧的月色，迷離的霧氣騰飛，今晚恰好是到情郎那兒約會的好時節。穿著襪子，靜悄地走上灑著花瓣香味的台階，手上提著剛脫下的金縷鞋。我們約在華麗廳堂的南邊見面，才依偎在情郎的懷裡一下，身軀就忍不住地顫抖著。我能出來相見，實屬不易，就請情郎您盡情地愛憐我吧！

一時天雷勾動地火，多情的李後主忘記病榻上的大周后，他真的又再次地愛上了。這闕詞描寫自己與美人的情投意合、浪漫旖旎。情竇初開的小周后，對李煜多是崇拜與尊敬，這位完美的姊夫「眼中沒有俗物，心中不染俗塵，身上不沾俗氣」，周薇變成李煜ＩＧ上的火熱頭條，新寵的真命天女被轉傳數萬次，祕戀變成公開的事實，這讓大周后情何以堪？先生的背叛，親妹為愛奪夫，至此，娥皇生無可戀，在百般抑鬱中，香消玉殞。

大周后死後，李煜多次見景傷情，睹物思人而悲傷得不能自已。但是，李煜和大小周后這段剪不斷理還亂的三角戀，還是讓觀者徒生許多唏噓與慨嘆。

●找到人生歸零的勇氣

公元九七五年十一月，趙光義稱帝，他改封李煜為「隴西郡公」。趙公義表面上為李煜升格，實際還是爾虞我詐的心機。人我攻防之間，常被趙光義冷言嘲諷、言語霸凌，最後落得「江南剩得李花開，也被君王強折來」。李煜內心如針刺般痛苦難耐卻要強顏歡笑，換取降後的一點卑微地苟全。

美豔如花、巧笑顧盼的小周后，被封為鄭國夫人，亡國後，他們相濡以沫的愛情，總被無恥的宋太宗擊潰得僅存道義。被強迫入宮陪宴，甚至侍寢的小周后，看見借酒澆愁常喝得酩酊大醉的李煜，氣憤得破口而罵。自尊心高的李煜越來越寡言沉默了，笑容也越來越少了。難以啟齒且無能為力的凌辱感，讓李煜變成一個全世界最窩囊又無言的男人。

面對自己階下囚的生活，小周后被踐踏欺負的處境，對比過去解憂的南唐藝文盛會，回憶有詩有詞，有書畫有音樂的流光，撫慰痛苦生命的美好片刻！以血淚蘸墨書寫的南唐生活與記憶，留下最後南唐王族的生活風格與態度。

李煜前期的詞作，多寫宮廷豪奢的日常和男歡女愛的豔情生活，與西蜀詞相近。亡國之後，李煜過著此中日夕，以淚洗面的生活，從皇帝到俘虜，李煜找到歸零的勇氣，他不再緬懷過往的綺麗，面對國破家亡的悲愴，詞作內容有了全新的風格。他把人生之思、亡國之嘆，放入詞作，扭轉原被定位為情相思流行歌曲的側豔之詞。李煜的人生際遇，有波有瀾，高低起伏，豐富的人生際遇，開創南唐詞前無古人、後無來者的輝煌時代。一如〈浪淘沙〉：「簾外雨潺潺，春意闌珊。羅衾不耐五更寒。夢裡不知身是客，一晌貪歡。獨自莫憑闌，無限江山，別時容易見時難。流水落花春去也，天上人間。」意思是：簾外傳來潺潺的雨聲，正是春意將殘的時節。室內雖擁著絲綢被，就是抵不住午夜襲來的寒氣。冷醒之後，想起夢裡，自己又回到故鄉江南，享受片刻的帝王生活。一個人千萬不要憑欄遠眺，面對無限的江山，那會使你想起舊時的故國山河，引來無限的感傷愁緒。當時辭別宗廟，告別家園，走得那麼倉皇、容易，如今想再一見故國景物，卻又是難上加難的事。看著流水、落花的殘春之景，春天已悄悄地走了。令我迷惘的是，春在何處？是在天上或是在人間呢？

曾貴為國君享盡榮華，在盛年之際，人生卻全部歸零，不僅山河破碎，更淪為卑微的囚徒。人生起落喜悲，走過天堂與地獄的交接，刻骨銘心的生命驟變，李後主彷若尋回繁華落盡見真淳的初心，擺脫晚唐詞人豔情的窠臼，字裡行間蘊藏對故國的思念和濃郁的士大夫氣息。一如王國維在《人間詞話》說：

「詞至李後主而眼界始大，感慨遂深，遂變伶工之詞而為士大夫之詞。」

●因詞而殞的李後主

過往南唐是人均收入很高的富庶國家，李煜與臣妃過著極度奢華的生活，如今被囚禁的苦難反激起李煜於敗境而興的悲天憫世之情。一如〈破陣子〉：「四十年來家國，三千里地山河。鳳閣龍樓連霄漢，玉樹瓊枝作煙蘿，幾曾識干戈？一旦歸為臣虜，沉腰潘鬢消磨。最是倉皇辭廟日，教坊猶奏別離歌，垂淚對宮娥。」意思是：「南唐開國四十年歷史，不僅有三千里地、幅員遼闊。宮殿高矗巍峨，恰可與天際相接，宮苑有珍貴的茂盛草木，像罩在煙霧的女蘿。奢侈的生活，讓我不知世間有戰爭？自從做了俘虜，在憂慮悲痛的日子受盡折磨，而腰肢減瘦、鬢髮斑白。最讓我印象深刻的是，自己慌張地辭別宗廟，宮廷教坊的樂工們還奏起別離的曲韻，生離死別的情形，讓我悲傷欲絕，只能與宮女們相對垂淚。」這闕詞李煜直露奔放的筆觸，真切地反省，難捨地訣別，窮途地忐忑。興起我們對人世無常、世事多變、年華易逝、命運殘酷的同理與共感。

生於浪漫七夕的李煜，此生彷彿為愛情所生，也為多情而死。四十二歲的他，在大家為他祝壽之時，突興一股淒涼與悲傷感。雅痞皇帝親手打造的南唐時尚，風靡一時的李煜風潮，曾幾何時，他已是過氣名流？但是李煜一舉手一投足仍是文青追捧的詞家尖端。酒過三巡，他提起筆寫下〈虞美人〉：「春花秋月何時了，往事知多少，小樓昨夜又東風，故國不堪回首月明中，雕欄玉砌應猶在，只是朱顏改，問君能有幾多愁？恰似一江春水向東流。」意思是：世間最美好的事物或時光，何時才能了結？過往的故事知道的又有多少？昨夜小樓上又吹來了徐徐的春風，在皓月當空的夜晚，怎能承受回憶故國的傷痛。精雕細琢的欄杆、玉石砌成的台階，現在應該還在，只是所懷念的人，多已衰老。要問我心中有多少哀愁，就像滔滔春水不斷向東滾滾奔流。

沒想到，這闋詞完成後，竟成李煜人生的絕命詞。宋太宗以「故國不堪回首月明中」直指他昭然若揭的反叛之心，加罪於後主，賜他「牽機藥」毒酒。詞中之帝李煜，因才華而生，因才華而死，七夕既是李煜的生日，也是他的忌日。他的愛情是一場又一場回不去的傷悲悔很，他的國家是一個又一個的曇花哀愁，有人覺得李煜負了南唐天下，我倒覺得南唐負了一位雅痞皇帝。

南唐小國，因李煜的忍辱，沒有生民塗炭的戰火，出生優渥，與人寬懷，願意犧牲尊嚴的李煜，沒有在逐鹿中原中成為叱吒風雲的王者，卻成了犧牲己身自由，換取黎民片刻平安，且在詞壇掀起士大夫詞的一代詞聖。「國家不幸詩家幸，賦到滄桑句便工」，李煜人生的成敗得失，端看你從哪個面向來思量了？

〈相見歡〉

林花謝了春紅，太匆匆。
無奈朝來寒雨晚來風。
胭脂淚，相留醉，幾時重。
自是人生長恨水長東。

李煜

〈相見歡〉之二

無言獨上西樓，月如鉤。
寂寞梧桐深院鎖清秋。
剪不斷，理還亂，是離愁。
別是一般滋味在心頭。

——星座分析

獅子座的你會愛上這樣的李斯？

李斯不標榜自己與世無爭，反而坦露自己對功名利祿的渴求，當他辭別老師荀子時說：「人生最大的恥辱莫過於卑賤，最大的悲哀莫過於貧窮。」獅子座以自我為中心，內在與眾不同的優越，不只理想性高，有冒險犯難精神，李斯有獅子座喜歡的特質——做事獨斷、善於統御——他協助秦王統一車軌、文字、度量衡等制度，參與修明法制，制定律令，不只主張郡縣制，反對分封制，更激進地主張焚毀民間所收藏諸子百家之書，以確保秦帝國的千秋萬世。不僅如此，具有藝術天賦的獅子座，看到文采飛揚的李斯，不只精於文字，作〈倉頡篇〉；還工書法，以小篆名世。獅子座一定會說：「Good Job」。

不過，深具野心與專橫的李斯，氣量過於狹隘，當秦王大讚韓非〈孤憤〉、〈五蠹〉而說出：「如果，我能見到此人，並能和他交往，就算是死也不算遺憾了。」李斯看著上司秦王臉上流露的敬佩和仰慕之情，嫉妒和厭恨韓非之心，淹沒了他的理智與善良。他聯合次要敵人姚賈打擊主要敵人韓非，他的私心和腹黑，讓韓非被構陷而入牢，最終死於獄中。李斯，憑藉著自己的好口才，好感爆表的主管緣，贏得摶扶搖而直上的人生，後卻與趙高假傳詔書，立胡亥為二世皇帝，不只人氣直線下滑，最後被誣陷，腰斬於咸陽。臨死前，他對兒子說出「吾欲與若復牽黃犬俱出上蔡東門逐狡兔，豈可得乎！」的死前悲嘆。李斯性格的黑暗、寂寞、孤獨突然竄出，讓他做出一步錯、步步錯的抉擇，這或許也是獅子座引以為戒的。

如何讓老闆離不開你？——李斯的說話術讓你贏得主管緣

●聰明的溝通，經營個人品牌

每年企業錄用新鮮人取才排行榜的第一名是「溝通能力」，老闆們都相信：願意溝通的人，才能突破思維困局，人生不是非黑即白，如何轉換視角思考，做好現況盤點，有效提升實作力且強化職場競爭力，這才是他們爭搶的人才。

進入職場，你會發現：明明工作做到爆肝，還是有人在你背後插刀、放箭？明明老闆說的話，你都有在聽，為什麼老闆還是會莫名對你發脾氣，甚至，使出裁員的必殺令。面對這些逼死你的絕望職場人生，你如何靠溝通與智慧自保。職場永遠是殘酷舞台，只有想不通的局，沒有過不了的坎，你沒有非留不可的個人品牌，就很難在一個企業長久被加薪、被升職。

李斯（約前二八四～前二〇八）曾面對一次狠狠被炒魷魚的窘狀，他如何在秦王下令驅逐異國客卿時，以〈諫逐客書〉解決他和老闆的心結與矛盾；如何好好地與老闆說話，讓自己瞬間變身為職場紅人；他如何有效溝通，不卑不亢地表達自己的情緒，蒐集好所有的資料與情報，從對話展現自己對老闆與工作的尊重與投入。

他靠這次掏心的談判，不只被秦王政所採納收回逐客令，還在不久後官至廷尉。他如何創造歷史上逆轉勝最多次的說話高績效？李斯與上司的說話術是否可作為我們職場溝通術的不敗指標？

●理性不抱怨，橫向人際發展

李斯是個窮怕了的人，雖曾在自己家鄉楚國上蔡郡府擔任看守糧倉的文書公務員，卻一直抑鬱不得志。某日從倉廩與廁所老鼠的事例，體會到「人之賢不肖譬如鼠矣，在所自處耳！」的寓意。原來，選對公司，跟對人，才能讓自己摶扶搖而直上，為人生開創勝局。

為了快速成功，他不惜離開自己的國家，勤奮地向荀子學習帝王之術，學成之後，他面臨職場的選擇，是要留在家鄉打拚，還是要離鄉背井到國外奮鬥──「度楚王不足事，而六國皆弱，無可為建功者，欲西入秦。」他仔細綜觀天下各國，選擇最有可能成為一統天下的霸主秦國來拚搏。

首先，他先當呂不韋的舍人，他知道僅僅 workhard 還不夠，必須還要 worksmart，才能在老闆心中留下「可升之才」的亮麗印象。李斯善於經營個人品牌，每次獻策對話都以理性開始，理性結束，面對工作的挑戰，從不抱怨，更善於打好關係，準備做好橫向的人際發展。取得呂不韋的信任後，他被任命為郎官，這份工作讓他找到機會接近集團的總裁秦王。蹲得很低，忍得夠久的他，終於找到與秦王說話的機會。他一提出「以金銀財寶為誘因，離間各國君臣間的感情，再各自擊破」的計策時，秦王政對他的論點折服，立即請之為客卿。

身為客卿的他，表現亮眼，不只為秦國打造各項富國強兵的專案，還天天工作超時，讓秦王常把李斯的表現拿來做績效指標，最後，搞得秦國官員天天加不完的班，做不完的爆量工作，讓同事開始想辦法要對付他。不過，李斯也不是省油的燈，他不怕被同事孤立，甚至討厭。他堅信多把時間花在自己的工作上，任何閒言閒事都可以免疫的，也因為他作風獨特、強勢有功，很快地取得功利導向的秦王滿滿的信任與好感。

●「Let It Go」的職場高情商

不過，花無百日紅，天無百日晴，人無一世好。秦王政十年（前二三七）

來自韓國的水工鄭國，以修築渠道為名來到秦國，他企圖說服秦王開鑿水渠後，以耗費秦國人力的計謀，讓秦國無法攻韓。鄭國沒有好好修築溝渠，反而做起間諜。當這個蹩腳的伎倆被識破後，備受異國人士工作壓力的秦國宗室大臣，終於找到機會進行反撲。

他們輪番上陣在秦王面前打小報告，他們明示這些外來客卿對秦國沒有忠誠度，大抵是各國派來游說和離間秦國勢力的間諜，更進一步加碼建議秦王把來自他國的客卿都驅逐出境，以保秦國的國家安全。秦王在秦國王卿連珠炮地轟炸下，不得不立即頒布逐客令，驅逐所有在秦國當官的異國人。

李斯在這場職場鬥爭下，被歸為逐客名單的黑五類……

面對這樣莫須有的委屈，他沒有被同事間的八卦流言搞得心煩意亂。他先處理自己的情緒，讓負情緒先理清。接著，他認為必須先發製人，勇敢面對問題，他以情蘸墨上書給秦王，態度先示弱，以博取同理。並用理性的文辭開啟對話的契機，以文字緩和衝突，避免面對面的爭執讓情況越來越僵。

這封信寫得厲害，也寫得誠懇。他沒有「被炒」的怒氣或怨氣，反而開誠布公地和秦王商談，討論出對雙方都有益的解決方案。

因此，他在一開始就寫：「臣聞吏議逐客，竊以為過矣。」用「竊」的自謙詞，彷彿是對秦王捧出了心，他雖是來做公司決策的翻案人，但是，他把決策的謬誤歸給秦王身邊的佞臣，免於把秦王請到戰場開戰，陷自己於逆批龍鱗的險境；另一方面也為秦王收回成命給足台階。

他不走情緒性的爭鬧，他走大膽說出真實感受的險招，展現自己「Let It Go」的職場高情商，也展現自己談判的誠意。

●留住人才，公司賺大錢？

戰國可視為各大企業狂搶人才的超競爭時代，每個想一統天下的國家，都得借用客卿之才能，楚材晉用是戰國人才流動的常態。

李斯先打造溝通的「同頻效應」，故意用秦國歷代先王——穆公、孝公、惠王、昭襄王善用客卿的成功經驗，暗示廣納菁英人才是秦一統天下的王道。舉證歷歷地點出：客卿齊心戮力、忠心護主，是成功助秦邁向卓越的史實，用說之以理來軟化秦王的戒心，說明任用客卿對秦有利，也把秦國先王都是愛用客卿的原因，把秦王政拉進同溫層，暗示秦王原本的作法並無謬誤，反是逐客才與列祖列宗的作法背道而馳。他企圖用「客何負於秦哉？」找到動之以情的同頻對話，讓納客獲利的史實，證明只有豬隊友才會提出「卻客、疏士」的建議，他們拚的只是短視近利的部門或是派系利益，而沒有把秦的公司利益真正的放在心裡。過往的客卿都展現身為秦國好員工應該有的特質——他們能替秦國開創新局的專業表現（Performance）、他們守護秦國優勢的個人形象（Image）、傾盡全力創造秦國富強的能見度（Exposure），過往的客卿都擁有這些強勢人才的亮點，秦國先王也看到了這些用人原則，替秦國留住真正的人才，秦國公司才能真正賺大錢、發大財。點出這個道理，讓李斯不再莫名背鍋，也開啟下面持續說服秦王的可能。他積極主動地提出觀察，表現出即便已經成為逐客之列，也要當個讓秦王「留住好人才，公司賺大錢」的員工，他的去留都繫於是否能讓公司保持最佳的運行狀態。

●換位思考理解上司

李斯是理解上司的壓力，不會在聽到豬隊友偷說自己的壞話時，就大聲反擊，甚至要上司選邊站。他反而逆向思考，即便要被趕離公司，他也要對老闆定時提供秦帝國富強的工作彙報。展現自己蒐集資料的努力和能力。

他說：「今陛下致崑山之玉，有隨、和之寶，垂明月之珠，服太阿之劍，乘纖離之馬，建翠鳳之旗，樹靈鼉之鼓。此數寶者，秦不生一焉，而陛下說之，何也？」

這段話點出李斯不只了解秦王的喜好，也知道集團品味走的是低調奢華風。秦王的穿著要求質料和質感，西服非亞曼尼不穿，手錶要求造型與精準，非百達翡麗特級錶不戴，車子要能展現性能與身分，非賓士、蓮花不開。秦王喜歡在宮殿開辦音樂會、歌劇或者讀書會等，秦宮多的是閃亮亮的水晶燈、全手工製作的雕樑壁畫，眼睛所見的每一個收藏都是價值不菲的奇珍異寶。每次開 party 都是海天盛筵等級，食材來自各國新鮮好物，席間不乏各國美女同歡共享，席間川流的是來自各國的雅痞賢士。他要秦王反思平日蒐集「崑山之玉，隨和之寶，明月之珠，太阿之劍，纖離之馬，翠鳳之旗，靈鼉之鼓」的原因？他不把問題複雜化，他要秦王換回理性的調頻，秦宮食衣住行育樂用的都是豪奢的外國貨，難道不是因為它們多屬萬中選一的奇貨嗎？

李斯在關鍵時刻，不選擇被動接受，反而火力全開，他嘗試從上司角度回出這段話：「所重者在乎色樂珠玉，而所輕者在乎民人也。此非所以跨海內、制諸侯之術也。」簡單地在詢問：秦王好不容易打造的企業品牌，如今為何陷入重「物」輕人的盲點？秦國這些跨國而來的人才，都是從競爭激烈的職場生存下來的英才，他們靠的不是運氣而是實力，他們帶來各國的文化觀察，能讓秦國獲得一統天下的高效率管理心法！

李斯拒當悲情的職場社畜，要自己出眾而不出局，從容的說服姿態，先理解上司，突破既定的結局，加入個人思維，開創新機，這真讓秦王的防禦線慢慢失守了。

●讓上司聽進去，就能挺你、懂你

李斯站穩一個立場——不只要說動秦王，他還要他認真「聽進去」。憑什麼他認為自己的說法能打動秦王的心呢？

李斯用的招數是：溝通起來很舒服。屬下不管老闆做什麼決定，就是要擺出很挺你、懂你的姿態！而老闆呀！你真的也懂我的心嗎？

李斯揚棄說個人利害，拉高層級從秦國「跨海內，制諸侯」的戰略高度去看逐客的問題。他把秦王當成泰山、大海、聖王、明君之儔，抓準「回話時機」，一句擊中秦王稱霸天下的心。他說：「是以泰山不讓土壤，故能成其大；河海不擇細流，故能就其深；王者不卻眾庶，故能明其德。是以地無四方，民無異國，四時充美，鬼神降福，此五帝三王之所以無敵也。」

當李斯被老闆惡狠狠地退群組的時候，他冷靜地列舉泰山不拒泥土，因而成就它的高大；江河湖海不捨細流，因而成就它的深邃；有志建立王業的人不嫌民眾的來處，因而彰明他的德行。李斯層層遞進，抓準秦王想要一統天下的野心，這樣的作法，讓秦王聽進去了，不僅產生共感，讓秦王有了自省。

李斯乘勝追擊，話中有話地舉用「逐客之弊」與「納客之利」來做對比，提醒秦王：只要有腦子的人都會做出「納客之利」的決定，嘖！嘖！嘖！看到這裡，你不得不說：李斯，你真是好樣的，不只快讓自己成功入群，還讓所有異國人一起「重新入群」，果真是最會讀心術的超級暖下屬。

李斯的說服術像拆禮物的模式，由外而內的讓當事者走進自己決策的思維，當上司拆到最後，終見驚喜，不得不信服，不得不挺他。他靠的是喻知以憂地說服術，這篇文章談的不是自己，是心心念念的秦王與秦國。他把兩個人放在同溫層去論述，拉高視野力勸秦王：土地不分東西南北，百姓不論異國他邦，一年四季都能享有富裕美好，天地鬼神都會降賜福運，這就是五帝、三王無可匹敵的緣故。

●老闆的心腹很好當？

你看看，李斯和老闆說話是先搏得好感，再說出有影響力的話，回擊在他身邊扯後腿的亂臣賊子。沒有一句酸言黑話，卻透過聰明地回話，掏心地說，用力地演繹：您若要成就帝王之業，天下無敵，就要和五帝三王做出相同的決定，廣納人才，這是高明的許之以利的說法。當他決定寄出這封上書時，他看到自己客卿的優勢，也看到自己逐客的劣勢，他看似把決定權還給秦王政，做好準備，這是他為自己而戰的機會，當然他得承受最後的結局未必會是漂亮收尾的威脅。但，身為老闆的心腹，他得針對各種逐客之弊的場景，step by step讓秦王看到問題核心，為他找到好方法破解逐客僵局。即便老闆要挺他，也要挺得有理、挺得體面。

賈伯斯在一九八五年的夏天經歷他的中年危機，他被蘋果炒魷魚了：「我

很公開地出局了。我生命中的目標就這樣消失，跟世界末日一樣慘。」二十年後，Jobs強勢重返蘋果集團，向世人宣告蘋果不能沒有他的存在。

Jobs用二十年證明自己的成功，李斯在逐客之列，用一封上書重返秦國領導階層，翻身速度之快，說服效果之強，取決於他是老闆離不開的人才。李斯之於秦國的功過，後人的針砭不一，但是我們在〈諫逐客書〉學會了在弱肉強食的職場，你得具備狐智、狼道、鷹謀的說服術，才能成為老闆身邊真正的心腹，因為你無論到哪裡都會是老闆想賴著不走的強者！

〈諫逐客書〉

臣聞吏議逐客，竊以為過矣。

昔穆公求士，西取由余於戎，東得百里奚於宛，迎蹇叔於宋，來邳豹、公孫支於晉。此五子者，不產於秦，而穆公用之，并國二十，遂霸西戎。孝公用商鞅之法，移風易俗，民以殷盛，國以富彊，百姓樂用，諸侯親服，獲楚、魏之師，舉地千里，至今治彊。惠王用張儀之計，拔三川之地，西并巴蜀，北收上郡，南取漢中，包九夷，制鄢郢，東據成皋之險，割膏腴之壤，遂散六國之從，使之西面事秦，功施到今。昭王得范雎，廢穰侯，逐華陽，彊公室，杜私門，蠶食諸侯，使秦成帝業。此四君者，皆以客之功。由此觀之，客何負於秦哉！

向使四君卻客而不內，疏士而不用，是使國無富利之實，而秦無彊大之名也。

今陛下致崑山之玉，有隨、和之寶，垂明月之珠，服太阿之劍，乘纖離之馬，建翠鳳之旗，樹靈鼉之鼓。此數寶者，秦不生一焉，而陛下說之，何也？必秦國之所生然後可，則是夜光之璧，不飾朝廷；犀象之器，不為玩好；鄭、衛之女，不充後宮；而駿良駃騠，不實外廄；江南金錫不為用，西蜀丹青不為采。所以飾後宮、充下陳、娛心意、說耳目者，必出於秦然後可，則是宛珠之簪，傅璣之珥、阿縞之衣，錦繡之飾，不進於前，而隨俗雅化，佳冶窈窕，趙女不立於側也。夫擊甕叩缶，彈箏搏髀，而歌呼嗚嗚快耳者，真秦之聲也；《鄭》、《衛》、《桑間》，《韶》、《虞》、《武》、《象》者，異國之樂也。今棄擊甕叩缶而就《鄭》、《衛》，退彈箏而取《韶》、《虞》，若是者何也？快意當前，適觀而已矣！今取人則不然，不問可否，不論曲直，非秦者去，為客者逐。然則是所重者在乎色樂珠玉，而所輕者在乎民人也。此非所以跨海內、制諸侯之術也。

臣聞地廣者粟多，國大者人眾，兵彊則士勇。是以泰山不讓土壤，故能成其大；河海不擇細流，故能就其深；王者不卻眾庶，故能明其德。是以地無四方，民無異國，四時充美，鬼神降福，此五帝、三王之所以無敵也。今乃棄黔首以資敵國，卻賓客以業諸侯，使天下之士，退而不敢西向，裹足不入秦，此所謂「藉寇兵而齎盜糧」者也。

夫物不產於秦，可寶者多；士不產於秦，而願忠者眾。今逐客以資敵國，損民以益讎，內自虛而外樹怨於諸侯，求國無危，不可得也。

——星座分析

處女座的你會愛上這樣的李清照？

詞壇一姊，人稱國民少女的李清照，不只聰明細膩，也嬌俏調皮。喜歡一個人可以全然付出，開心與悲傷都貼在她的身上、眉間、髮際，她和趙明誠的愛情，真的是文學界公主與王子的完美典型，靜靜默默卻長長久久、安安穩穩。初嫁的李清照不只有新婚燕爾的甜膩美，也像一朵盛開的玫瑰，讓每個人都感染「春天來了」的幸福。處女座是不是愛煞形象純潔、有價值潔癖的李清照？

趙明誠的父親趙挺之是李清照父親的政敵，兒女愛得火火熱熱，上一代卻鬥得你死我活，千古第一才女不只一次上詩給公公趙挺之，想為自己的父親求情、求饒。勇敢抗爭的李清照，讓處女座想保護李清照的正義感瞬間湧起。

上一代的悲劇蔓延到爾後生活，她與趙明誠飽受宦途險惡，最後選擇在「歸來堂」隱居，自號「易安居士」，寄託〈歸去來兮辭〉：「倚南窗以寄傲，審容膝之易安」的深蘊。

公元一一二七年「靖康之變」，趙李鄉居生活頓時變色，珍藏文物古籍在戰火中亡佚不少。兩年後，趙明誠在赴湖州任職的途中，大病不起，與世長辭。失去趙明誠，守護著與趙明誠的承諾：「窮遐方絕域，盡天下古文奇字之志。」世間多紛擾，文字古籍的世界卻清麗與恬謐！李清照安靜卻強悍、溫柔卻堅毅的性格，果真打動無數處女座男女的心了。

史上最萌的國民女神
——李清照的美麗與哀愁

●氣質美女養成記，做更美好的自己

翻開文學史，能有「國民女神」封號的，又能讓十八歲到八十歲男女都喜歡的，鐵粉一致認同的，念念不忘的，就是前無古人、後無來者的永遠萌妹——李清照了。

李清照生於風雨飄搖的北宋末期，她出生的這一年是公元一〇八四年，恰是司馬光完成《資治通鑑》的重要時間。

父親李格非對這個掌上明珠，疼愛有加，氣質美女在開明的環境中成長，不只受書香門第的薰陶下，從小就工詩善詞，還能優游在山巔水湄之間，尋找創作的靈感。

這位國民女神，是排行榜的首席，如果穿越時空來到現代，清照姊姊渾身純純的、萌萌的、乖乖的氣息，仍是鄉民心中永遠的初戀情人型。

她的美是三百六十度無死角，更可貴的是，她不管今年幾歲了，還保留著一顆十八歲的少女心。看來她的美是沒有時代違和感的。

少女時期的李清照，嬌憨率真，興趣廣泛，琴棋書畫，樣樣都精通，「閃閃發光的大腦」一貼出讓人讀了都會流眼淚的好文，就引來風雅之人不斷按讚、轉發。因有良好的家學，才氣過人，十五歲就寫出轟動京師的〈如夢令〉：「昨夜雨疏風驟，濃睡不消殘酒。試問卷簾人，卻道海棠依舊。知否，知否？應是綠肥紅瘦。」意思是：昨天夜裡雨點雖然稀疏，但是風卻勁吹不停，我酣睡一夜，然而醒來之後依然覺得還有一點酒意沒有消盡。於是就問正在捲簾的侍女，外面的情況如何，她只對我說：「海棠花依舊如故。」知道嗎？知道嗎？應是綠葉繁茂，紅花凋零。

氣質美女多才多藝，加上寫詞的風格清新別緻，女神爲花而喜，爲花而憂，爲花而悲，爲花而醉，爲花而嗔，短短六句，包含無限的情思。這闋詞造成全民瘋傳，各大社群都把她奉為國民女神，不只崇拜、還膜拜，許多社群還幫她做特別企畫，奠定她不敗的女神地位。

●宋詞婉約派代表，闋闋都是經典首選

李清照偶爾填個詞、唱個歌，發張美圖，人氣就爆棚，人長得美，個性又好，點讚率就是高。因此，每一闋詞都在文學史上佔有一席之地，闋闋都榮登宋詞婉約派經典榜。

不要以為她只會寫些閨房小事，憂國憂民的女神，還對歷史事件進行針砭。宋代的張耒寫過一篇〈讀中興頌碑〉，她也隨即應和。十六、七歲的她寫出〈浯溪中興頌詩和張文潛〉詩二首，其一是點出唐代「安史之亂」的根源是

唐玄宗生活豪奢，導致安史之亂：「何為出戰輒披靡，傳置荔枝多馬死。堯功舜德本如天，安用區區紀文字。」意思是說：唐代出戰失敗的原因是，戰馬都用來為貴妃傳送荔枝了。像遠古的聖君堯舜，不用以文字記載功德，百姓自會感念。

李清照對政治的見識一點都不輸給男性。表面是評析玄宗、肅宗的作為，實是藉此喻彼，希望當今皇帝也能以史為鑒，莫忘前史。因此，連朱熹讀了都驚歎：「如此等語，豈女子所能。」清照姊姊的見識，讓她成就解鎖了。

李清照不囿於女性的身分，書寫這樣強烈警示的政治評論，世間鬚眉幾人可以匹敵？姊不只與男性文人處於同等高度的文學視野，直到現在，從未有人能夠撼動清照姊的地位。

北宋有這位才華橫溢、譽滿文壇的女詞人，整個北宋也婉約起來了，就像明代楊慎說的：「宋人中填詞，李易安亦稱冠絕。使在衣冠，當與秦七、黃九爭雄，不獨雄於閨閣也。」女神的詞，可是闕闕圈粉，經典又首選的呀！

姊就是時尚，姊就是風潮

李清照常常分享一些平易近人的貼文，讓臉友、迷弟、迷妹們看得舒坦、自在又開心。有清照姊在，你就感覺到世間有希望，姊從不矯揉造作，她告訴天下人，她雖然是女性，但是作為一位墨客騷人，她喜歡的不是淺斟低酌，而是大醉無歸。姊不只做自己，還引領時尚風潮。

她直爽、任性地在貼文宣告：有空歡迎來揪團共酌品酒，一晌貪歡，不醉不歸，人生至樂。喝醉時打卡的圖文，臉紅紅的微醺樣貌，不只迷人還令人心動。一如〈如夢令〉提到：「常記溪亭日暮，沉醉不知歸路。興盡晚回舟，誤入藕花深處。爭渡，爭渡，驚起一灘鷗鷺。」意思是：「還記得那次在溪邊亭中遊玩，日色已暮，盡興喝酒而忘記了回家的路。盡興以後大家乘著夜色趕快掉轉船頭，卻不料走錯了路，小船划進了藕花深處。怎麼出去呢？怎麼出去呢？嘰喳聲驚叫聲划船聲驚起了一灘鳴鷺。」在理學盛行的北宋，這位個人形象鮮明，不受羈絆的美少女更顯得可愛動人。這位窈窕淑女、君子好逑的國民少女，真的讓所有人都癡迷了，有才有情，又那麼接地氣地與我們同歡同喜。

所謂的國民女神，就是適時釋放點到為止的善意，讓你捧出真心，追著她的發文，她的公開活動，她的作品，甚至她的寫真，花再多錢買周邊都不手軟。她不會讓你猜不透，純真善良又甜膩的她是那麼有魅力，每篇發文都是滿分的正評與體己的支持留言。

●女神與男神終於邂逅了

十八歲的李清照遇見了丞相趙挺之的兒子趙明誠。二十一歲的他是年輕又很牛逼的富二代，明明手拿象徵頂級身分的黑卡，卻一點都沒有紈綺子弟的流氣。生得好家庭的趙明誠，內斂又謙卑的獨特氣質，喜歡收藏古董字畫金石文物的風雅，不只帥氣指數五顆星，也讓清照姊見了就傾心。

趙明誠是單身貴族，也是男神級的人物，看到單純又傻呆萌的李清照，一下就被她溫柔、體貼、家教好的魅力吸引了。姊不只有眼力，不會犀利地吐槽你，還知道男人喜歡女人給面子，讓他可以自然的聊天，氣質脫俗的國民少女，沒有偶包或祕戀的問題，兩個志同道合的人，每一秒都想膩在一起，他們直接認愛了，公開相愛的消息，立馬閃婚結為連理。一如俗諺說的：女人一戀愛，便依賴了；男人一戀愛，便無賴了，然後一起愛到耍賴了。

兩人感情如膠似漆，天天舉案齊眉，在詩詞歌賦中談情說愛。李清照的〈點絳唇〉把自己陷入情網，少女情懷總是詩，熱戀的甜蜜與開懷表達出來：「蹴罷鞦韆，起來慵整纖纖手。露濃花瘦，薄汗輕衣透。見客入來，襪剗金釵溜。和羞走，倚門回首，卻把青梅嗅。」意思是：「春日的清晨在花園內，綠楊掩映著鞦韆架，架上繩索悠悠地晃動。剛剛盪完鞦韆，兩手有氣無力，懶懶地下垂。在身旁，瘦瘦的花枝上掛著晶瑩的露珠；在身上，涔涔香汗滲透著薄薄的羅衣。花與人相襯，顯得格外的嬌美。驀然間，進來一位客人。猝不及防想抽身就走，沒想到連金釵也滑落下來。走到門口，強按心頭的激動，回眸偷覷客人的丰姿。為了掩飾自己的失態，她嗅著青梅，邊嗅邊看，嬌羞怯怯。」李清照用這闋詞告訴大家，清照姊姊超級幸福，她真的找到一生的歸航，請全民都獻上真摯的祝福。

●小別勝新婚，依舊濃情密意

大觀二年（一一〇八），趙明誠外出，恰值重陽佳節，李清照私訊了一首〈醉花陰〉表達自己的思念之情：「薄霧濃雲愁永晝，瑞腦消金獸。佳節又重陽，玉枕紗櫥，半夜涼初透。東籬把酒黃昏後，有暗香盈袖。莫道不銷魂，簾卷西風，人比黃花瘦。」意思是：薄霧瀰漫，雲層濃密，日子過得極為愁煩，龍腦香在金獸香爐中裊裊繚繞。又到了重陽佳節，臥在玉枕紗帳中，半夜的涼氣剛將全身浸透。在東籬邊飲酒直到黃昏以後，淡淡的黃菊清香溢滿雙袖。不要再說清秋不讓人傷神，西風捲起珠簾，簾內的人兒比那黃花更加消瘦。

趙明誠讀了這闋詞後，雖然拍案叫絕，卻也想回傳一闋詞讓女神讚歎他、佩服他。因此，廢寢忘食寫了三天三夜，寫了五十多首詞，請好朋友陸德夫品鑑。趙明誠把李清照的詞混雜其中，期待能夠勝出。陸德夫接連看了好幾回，終於對趙明誠說出：這裡面有三句寫得特好。趙明誠連忙急問哪三句，陸德夫說：「莫道不消魂，簾卷西風，人比黃花瘦。」趙明誠因而對妻子的才學，佩服得五體投地。這種和自己三觀都接近的人，世間能得幾人？李清照和趙明誠相互對望，就好像看到鏡子裡的自己，怎麼看怎麼舒服、怎麼順眼、怎麼和諧，即便面對小別離，也是瘋狂灑糖的幸福時刻。

局勢的變動，感情的變色

女神無憂無慮的前半生，如蜜糖般甜膩美好的兩人世界，隨著北宋滅亡、政權南遷，她的後半生歷經淒風苦雨、跌宕起伏，人生風景巨大的變化。

結婚後的第五年，趙挺之得罪權臣蔡京，不久死於政治鬥爭，趙家因而家

道中落。為了遠離政治的風暴，兩人選擇回到趙家的故鄉——山東青州隱居。閒雲野鶴的生活，反讓這對生性浪漫的夫妻陶醉在兩人世界，不只恩愛有加，還一起品味風雅生活，收藏許多珍貴的金石書畫。趙明誠癡迷古董文物，李清照就陪他收藏鑑賞，為了買到心儀的字畫古玩，節衣縮食。據《金石錄後序》記載，趙明誠當時為了想要一幅墨寶，不惜當街解下外衣典當，換取銀兩購得古董。好幾次，兩人還廢寢忘食、挑燈海選古物，不只自得其樂，還一起合撰《金石錄》。（即便趙明誠為物癡狂，李清照追夫寵夫護夫，愛到深處無怨尤。粉紅泡泡漫天飛舞，兩夫妻分秒都是甜蜜爆擊。）

後來，蔡京被逐出政治舞台，趙明誠再被招入朝中為官。兩人開始遠距離的戀愛，國民女神備受相思別愁的折磨，雖說，愛豈在朝朝暮暮，但分離的思念就是如此揪心的感覺，不自覺襲來的憂愁孤寂，並非熱戀男女都能承受的痛苦。就像〈一剪梅〉寫的：「紅藕香殘玉簟秋。輕解羅裳，獨上蘭舟。雲中誰寄錦書來，雁字回時，月滿西樓。花自飄零水自流。一種相思，兩處閒愁。此情無計可消除，才下眉頭，卻上心頭。」意思是：荷花已殘壞，香氣已消散，冷滑如玉的竹蓆，透出深深的涼秋。輕輕地脫下羅綢外裳，一個人獨自躺上眠牀。仰頭凝望遠天，那白雲舒捲處，誰會將錦書寄來？正是雁羣排成人字，一行行南歸時候。月光皎潔浸人，灑滿這西邊獨倚的亭樓。

對女神佩服又寵愛的趙明誠，真誠地給過女神低調奢華的幸福時光，因而讓她面對短短的分離，竟釀出苦澀的情味，看來李清照這一生是離不開趙明誠了。

●命運總是給你一顆糖，再甩你一巴掌

如果，人生能定格在恩愛的情分上該有多好，世上沒有一輩子的熱戀，也沒有完美的親密關係。北宋動盪不安的局面，兩人時聚時離，感情時淡時濃。公元一一二一年，四十一歲的趙明誠擔任山東萊州知州，雖把李清照接來同住，卻開始官僚地蓄養侍妾和歌伎，國民女神不只被冷落，她曾堅信的愛情崩垮了，生活頓時陷入暗黑的地獄。不過，愛著趙明誠的李清照，不信真心喚不回，天

天等著趙明誠的回頭。

宋高宗建炎三年，擔任江寧知府的趙明誠得知部下王亦準備發兵叛亂，不只無感，還有恃無恐地不把這件事當一回事，反讓屬下李謨將了一軍，棧道前線去指揮布陣，趁夜擊敗王亦。天亮時，李謨向長官密報，趙明誠知道後，在慌亂下竟私自逃跑，不只被革職，還過著逃亡的生活。

李清照面對身邊曾意氣風發的丈夫，吟出〈夏日絕句〉：「生當作人傑，死亦為鬼雄。至今思項羽，不肯過江東。」意思是：「活著就應該作人中豪傑，死了也應作鬼中的英雄。人們到現在還思念項羽，只因他不肯偷生回江東。」國民女神雖為女兒身，面對困蹇展現凜然風骨、浩然正氣，表現一種所向無懼的人生姿態，全詩二十個字，連用三個典故，暗示知識分子就是要做一個有態度的人。

這個舉動讓趙明誠當下羞愧難當，兩人感情的裂痕加劇了。

國民女神或許知道自己的作法讓男神也下不了台，提議一起隱居鄉野，不問世事，重新擘劃新生活。誰知命運就是這麼不給力，趙明誠又被召回湖州任職知府，但在前往赴任前得先面聖。這次的縱馬疾馳，不斷在溽暑下奔波，讓趙明誠竟重病不起，撒手人寰。

失去摯愛又流離失所的四十五歲女神李清照，多了滄桑，少了清新，面對中年喪夫，膝下無子，更是身心憔悴。此時，遇見一個不該愛的人張汝舟，這個錯到荒謬的緣分，他的出現讓女神墜入此生最不堪的情愛陷阱。

女神這次的閃婚沒有帶給她幸福的保證，反給了她身心難堪的凌遲，在保守的世風下，女神堅決提出閃離的要求（兩人的婚姻維持不到百日），她不想委身、不想求全，她想守護自己對愛情的底線，此舉卻引來旁人的誹謗、嘲諷與誤解。讓她在宋代累積的高人氣，頓時跌到谷底。不過，支持她勇敢活下來的，仍是女神對趙明誠堅貞不移的愛。一一四〇年李清照將趙明誠的《金石錄》整理完成，也寫了後序，為兩人的愛情畫上美麗的句點。

凝眸回望，女神還是女神

作風另類的李清照，置身在男性詞壇中，仍傲然地綻放亙古耀眼的光芒，就像詩人臧克家形容她：「大河百代，眾浪齊奔，淘盡萬個英雄漢；詞苑千載，群芳競秀，盛開一枝女兒花。」

少女時代的女神天真浪漫，戀愛時的女神褪去嬌羞、大膽示愛的傻呆萌，婚後一身忠誠堅忍，造就她勝於男性的愛國膽識。

在宋代禮教至上的社會，女性看似是男性的附庸，女神卻掙脫了這樣的束縛，因才情而取得思想的制高點，創下宋詞的輝煌歲月，她看到的不只是柴米油鹽醬醋茶的世界，她看到的是別人不曾追求過的文學高度，也是自成一家的詞壇翹楚。〈聲聲慢〉是她晚年的代表作：「尋尋覓覓，冷冷清清，悽悽慘慘戚戚。乍暖還寒時候，最難將息。三杯兩盞淡酒，怎敵他、晚來風急？雁過也，正傷心，卻是舊時相識。滿地黃花堆積。憔悴損，如今有誰堪摘？守著窗兒，獨自怎生得黑。梧桐更兼細雨，到黃昏、點點滴滴。這次第，怎一個愁字了得！」意思是：

獨處陋室若有所失地東尋西覓，眼前只剩下冷冷清清，於是淒涼、慘痛、悲戚之情一齊湧來。深秋驟然又驟冷的時候，最難以調養靜息。喝幾杯清淡的薄酒，怎能抵擋晚上大而急的寒風。正在傷心之時，傳書的大雁飛過去了，卻原來是以前就相識的。地上到處是零落的黃花，憔悴枯損，沒有人有摘花的興致。守在窗子邊，孤孤單單的，怎樣捱到天黑啊！細雨打在梧桐上，一直下到黃昏時分，綿綿細雨還發出點點滴滴的聲音。這種情形，一個愁字怎麼能包容得了！

一生優雅，風韻傳世的女神，在宋高宗紹興二十五年（一一五五），為自己最萌的女神人生畫下完美句點。無論歷經千難萬劫，李清照還是我們心目中永遠脫俗的國民女神。

〈武陵春〉

風住塵香花已盡，日晚倦梳頭。物是人非事事休，欲語淚先流。
聞說雙溪春尚好，也擬泛輕舟。只恐雙溪舴艋舟，載不動許多愁。

〈鳳凰台上憶吹簫〉

香冷金猊，被翻紅浪，起來慵自梳頭。任寶奩塵滿，日上簾鉤。生怕離懷別苦，多少事、欲說還休。新來瘦，非干病酒，不是悲秋。
休休，這回去也，千萬遍《陽關》，也則難留。念武陵人遠，煙鎖秦樓。惟有樓前流水，應念我、終日凝眸。凝眸處，從今又添，一段新愁。

星座分析

天秤座的你會愛上這樣的陶潛？

喧譁紛擾的東晉時代，陶淵明內心藏著一座遠離塵囂的桃花源。身處混亂環境，他保有內在的率真，不隨波逐流。一如在〈桃花源記〉的烏托邦世界，充滿和平、幸福、平等的生活，這也是天秤座想像的理想世界。回顧陶淵明的一生，即便種豆南山下，草盛豆苗稀，他仍然怡然自得於生命的現況，詩文切合情真、景真、意真。

天秤座渴望他人理解自己，卻困在內在價值的糾結，天生害怕選擇，擔心選錯了，生命就陷入失衡的暗黑。當天秤座看見陶淵明〈感士不遇賦〉的文字，展現一介儒生大濟蒼生的入世抱負，必然會有所共鳴。陶淵明曾四次當官又四次辭官，辭去彭澤令後，他走上出世的「躬耕」人生，過程中，或許在出世或入世的選項徘徊過，最後，陶潛勇於做自己的氣魄，帶給天秤座在生命轉折處，勇於探問自己我是誰的鼓勵。他嚮往堯舜盛世的淳厚風氣，卻活在一個偽善的黑暗社會，游移在理想與現實的矛盾裡，天秤座看到陶潛如何自我實現，企圖尋求內外在平衡的生命情韻。

陶淵明一身長才卻無能建功立業，陷入飢寒交迫的困頓生活，落得寫出〈乞食〉來自嘲。陶淵明對生命的無解，只能寄情於詩酒的世界，寬慰內心悵然、平緩無法言說的苦悶和憤懣。這樣的行事風格確實符合天秤座紳士氣息，即便難過到流淚，也要 hold 住滿身的優雅。

厭世隱者養成記——陶潛做自己的勇氣

●當厭世隱者需要勇氣

陶淵明在中國文學史上，可算是個不當官比當官還紅的魯蛇界奇蹟。他的人生金句和現在最紅的俗女嘉玲一樣：「能夠活得不違背自己的心意、不勉強自己，就已經很棒了！」明明在自己選擇的職場與熟悉的地方生活奮鬥，即便過了那麼久，依然覺得自己是個旁觀的局外人，完全無法融入當代所謂成功溫拿的生活模式。

陶淵明寫過〈感士不遇賦〉：「咨大塊之受氣，何斯人之獨靈！稟神志以藏照，秉三五而垂名。或擊壤以自歡，或大濟於蒼生；靡潛躍之非分，常傲然以稱情。」意思是：悲嘆受天地之氣而萬物能生養，為何人類能為萬物之靈？稟受神情意志而擁有智慧，憑藉三才五常的正道而得以留名。有的人選擇居鄉野擊壤遊戲以自樂，有的人選擇走熱仕途拯救天下百姓。無論隱居還是出仕，都要合乎自己的本分，順適自己的性情。

陶淵明對於「擊壤自歡」的獨善其身，抑或是「大濟蒼生」的兼善天下，都得問過自己的心，過自己的價值門坎。當你看著別人有房、有車、有權勢、有豪奢時，親愛的，你欠的只是摸摸自己內在小孩的頭，學學俗女嘉玲或是厭世隱者陶淵明，灑脫豁達地向大家承認：對，我就是俗；我就是魯。但，這就是我想要的生活，我可以恣意地哭笑，活得有尊嚴，活得有自我。最重要的是，你們都不是我，現在都給我閉嘴。

要承認自己是俗女和承認自己是厭世隱者都需要很大的勇氣，這需要內心真正的覺知，但唯有承認了，你才有機會跟自己和解！

陶潛哥雖是厭世隱者，但他任性辭官後的隱逸詩，卻帶給後代努力生活的文壇弟弟們，滿滿的心靈雞湯。蘇軾還邊讀邊看到淵明哥跳出來對他握拳說：東坡，今天也要加油！你為了生存，真是辛苦了！哥知道你的苦悶，讀首〈歸園田居〉，解放禁錮的靈魂。喝杯好酒，消消悶氣，你可以和哥一樣當個有型有格的厭世隱者——人生不是只能當失語症的上班族，你還可以選擇當開心農場的老闆。原來，我們心裡都住著一個給過「桃花源」想像的陶淵明，我們從來沒有忘記俗與厭會是人生的另一種優質選擇。

●暗黑的職場直播秀

陶淵明，名潛，字元亮。潯陽柴桑（今江西九江西南）人。生於晉哀帝興寧三年（三六五），卒於宋文帝元嘉四年（四二七），享年六十三歲。年輕時的陶淵明，雖然「少而窮苦，每以家弊，東西遊走」，但頗有少年遊俠的英雄氣概，對於投入職場，改變社會風氣，積極服務的熱情，仍是躍躍欲試的。一如陶淵明〈擬古〉之八：「少時壯且厲，撫劍獨行遊。誰言行遊近？張掖至幽州。飢食首陽薇，渴飲易水流。」意思是：年少的我身體健壯、性情剛強，獨自攜劍遊歷行遍天下。誰說我只遊走於鄰近之處呢？遠至邊境的張掖與幽州我都去過了。餓了就像伯夷與叔齊隱居在首陽山，採集薇草食用，渴了就飲用太子丹送別荊軻的易水之露。

原來，哥也曾想在官場認真打拚，闖出自己的事業。身為一個落魄的官三代，哥也是滿腔俠氣，想要濟世救民。只是東晉是嚴守「上品無寒門，下品無士族」的社會階級與士庶界限規範。

他無法像曾祖父陶侃，成為東晉開創大局的開國元勛，官至大司馬；勉強在曾祖父蹭身上流社會的門第餘蔭下，搶到一個江州祭酒的位置。在官場的際遇，陶淵明倒像猛龍困於淺灘，陶淵明第一份工作遇到的頂頭上司是貴族中的貴族王凝之，他頗為倚重陶淵明的能力，也給了他擁有實權與重任，類似集團總經理位置，年輕的哥缺的不是做事的熱情，缺的是待人處世的老到經驗，即便天天兢兢業業地加班，天天爆肝寫業配文，還是撐不起江州祭酒的工作，最後只能撿起碎成滿地的玻璃心，自動辭職。

接著，二十九歲到四十一歲之間，哥為了生活也好，為了理想也罷，多次出仕，卻多次因不適應而辭官。官場上的人都「黑」他太傲嬌，亂跳槽，太過頻繁地換工作，給人官場草莓族的壞印象。其實，哥是有苦說不出，每次離職，都有不能說的祕密，搞得自己心也好累。哥每次上任都渴望能在亂世中，打造適合人民居住的夢想城市，為人民開創理想的生活，讓每個人都有個可安居的家。當哥快鞭策馬奔跑在驛站之間，捧著真心，不顧生死為桓玄送信請兵時，不小心發現上司桓玄篡晉立楚的野心，哥立即以母喪離開桓玄陣營，投奔劉裕集團。沒想到，劉裕討伐桓玄的義軍幕府，表現都是坐在仁義船上的人，集團總裁劉裕天天想的都是要用腹黑手段，廢晉建宋，讓他不只心寒，也心痛。劉裕不只是扯後腿的豬隊友，更是一個戴著面具的偽君子。

陶淵明高度的淑世「使命感」，反而變成工作的壓力來源，說到底，哥離職的真相只有「自己」最懂！每次都是風光上任，最後狼狽打道回府。看到這裡，你會開始狐疑：一場又一場暗黑的職場直播秀，要陶潛哥好好上班，真的很難嗎？

●厭世隱者的大徹大悟

最嚴重的一次是——義熙元年（四〇五）秋天，他第五次出仕，這次做了一個自己也頗喜歡的小官彭澤縣令。不只事少離家近，也讓他想要認真做到退休。但，命運總是讓你事與願違，這次哥要面對的是奧客督郵來胡鬧，在他擔任縣令快三個月的時候，上級派督郵下縣，哥再怎麼忍，也不想對奧客陪笑臉。冷眼看著這些無才無能的人憑藉祖籍與門第平步青雲，甚至，挾朋樹黨，縱情聲色，哥的滿腔熱情，在奧客一次又一次的壞臉色裡被磨盡，終於說出「吾不能為五斗米折腰，拳拳事鄉里小人邪」的宣示言。

這次，他真的心灰意冷了，當年口口聲聲說著理想的朋友，一個個向惡勢力靠攏，早已忘記許下的承諾，當時許下夢想的友伴，總是操煩士族與寒門之間權力的消長，現在連自己也守著一份可有可無、又扼殺理想的九品小官？官場上不只是能者多勞或過勞的鞭笞，面對五斗米的考驗，豪情壯志都變成幻化的人魚泡沫。這時候的陶淵明不能算是官場的績優股，充其量，就是維持不被翻黑或下殺離市的局面。

在委身官僚與做自己的兩種角色，不斷被激化，不斷在游移，甚至被迫做選擇，陶淵明心情是很矛盾。一如〈雜詩〉其五：「憶我少壯時，無樂自欣豫。猛志逸四海，騫翮思遠翥。荏苒歲月頹，此心稍已去。值歡無復娛，每每多憂慮。」意思是：「回憶自己少壯時代，即便沒有遇上快樂的事情，心裡也自然地充滿了欣悅。對國家有著超越四海的豪情壯志，期望像大鵬般展翅高飛。但是時間流逝，自己年老力馳，當年的雄心漸漸離開自己。即便遇上歡樂的事情，也高興不起來，相反的，常常懷有深切的憂慮。」從這首詩可看出他面對的——一邊是儒家教導他進取之心，一邊是道家教導他無為修煉。這次，哥聽到要他束著腰帶，對著只負責給上級領導傳口信，就對人頤指氣使、蠻橫無理的郵遞員要恭敬相見，他的自尊心真的過不去了——身為知識分子的我怎麼能為了微薄的五斗米俸祿，就向這些官僚卑躬屈膝。他灑脫地揮揮衣袖，不再回頭，留下「豈能為五斗米折腰」就掛印而去。驀然回首，八十多天的彭澤令，讓他寫下〈歸去來兮辭〉以明志，至此走向「躬耕」的人生道路。陶淵明為什麼要隱

居？不是因為哥個性孤僻，還是有強烈的社交恐懼症，而是哥進出在官場數回，每個合作的對象都讓他心生不如歸去的念頭，唯有當個隱者才能避開光怪陸離的官場，不要再對著討厭的人卑躬屈膝了，這樣的大徹大悟，就像孔子說的：「君子固窮，小人窮斯濫矣。」人可以窮困，但不可以自暴自棄而一蹶不振呀！

●哥只是不上班，沒有不工作

陶淵明離開龐大的官僚體系，放棄高薪、社會地位、退休金。辭職是為了離開朝九晚五的舒適圈，他的靈魂自「失業」的第一個早晨就解脫了，放下了頭銜、薪水，沒錢的工作，反而讓他做得更快樂。當他高喊著「我自由了！」的當下，也努力建立一種讀書人的耕讀新模式，期待用最低的物質需求，挑戰沒什麼錢也能滿足的生活方式。雖然，哥真的不是個太有生產力的農夫，一如〈歸園田居〉其三提到：「種豆南山下，草盛豆苗稀。晨興理荒穢，帶月荷鋤歸。道狹草木長，夕露沾我衣。衣沾不足惜，但使願無違。」即便哥在南山下種豆的農地，雜草茂盛豆苗稀少。甚至，日出而作、日入而息地清除雜草，頂著月色扛鋤回家時，道路狹窄草木叢生，露水沾濕衣服。衣服沾濕並不可惜，只要順著自己真正的心意就是自得快樂了。陶淵明找到極簡的耕讀生活，物質的匱乏，帶來的是心靈的富足，這是陶淵明真正享受到：人不是要得到很多才會感到幸福，幸福是吃得下、睡得著的寡欲人生。

歸隱的歲月他終究體會到：外人稱我士族，但我永遠不是他們眼中的士族，我或許是比寒門更冷門的厭世隱者。只要看過〈歸去來兮辭〉的，你會明白浪擲一輩子的時間去做無腦的工作，等於是慢性自殺。唯有「捨棄」欲念，回歸真我才是真正通往幸福的路徑。

所以，別說哥不上班，哥可是每天都工作到帶月荷鋤歸。身體的累，心靈的靜，從哥隱居在沒有車馬喧鬧的雅境，就能欣羨。一如陶淵明〈飲酒〉說的：「結廬在人境，而無車馬喧。問君何能爾？心遠地自偏。採菊東籬下，悠然見南山。山氣日夕佳，飛鳥相與還。此中有真意，欲辨已忘言。」意思是：雖然自己生活在俗世人間，卻沒有感受到車水馬龍的喧囂。問你怎能如此呢？心緒如果能不受外來事物侵擾，自然就能感覺自己所處之地是偏僻寧靜的。在屋東的籬邊採摘菊花時，悠閒之餘抬頭遇見青蔥的廬山。黃昏時分，山間氣霧令人感覺優美，飛鳥成群結伴地歸返山林。我隱然領悟到生活「抱樸守真」的意境，但卻無法用語言表達出來。

晉安帝義熙十三年的秋冬，陶淵明約五十三歲了，心靈的澄淨，讓他尋到超塵絕俗的真意妙趣。他終於找到莊子說的：「天無私覆，地無私載。」天地對萬物是完全公平的。無論你身處何處，只要用心感受，不問人生追求的榮顯富貴，你就能和哥一樣活得有料、有腦、有幸福感。

即便離開孰悉的舒適圈，也能活出一個與眾不同的樣態。在自然的美好流光，哥找到這股幸福自慢的情調，陶潛厭世隱者的魅力，不只唐朝的李白愛，杜甫追，孟浩然跟，到宋代的蘇軾更是把厭世哥的慢簡生活與文學地位，一次推到一個史上的至高點。

蘇軾讀懂潛藏在陶淵明的這場世紀內心戲，幾度自己走不下去的人生經歷，靠著「今人與古人和詩」的先例，找到安頓與撫慰。一如蘇軾在〈江城子〉說：「只淵明，是前生。走遍人間，依舊卻躬耕。」在〈陶驥子駿佚老堂二首〉中說：「淵明吾所師，夫子仍其後。」他羨慕陶潛徜徉在自然懷抱，被蟲嘶鳥鳴喚醒，在田園間漫步移動，褪去華服，與泥土共舞的豁達。吃著野菜，喝杯釀酒，與滿天星斗相伴，生活盡是極簡自慢。採菊東籬下，悠然見南山，就是哥身為隱者最浪漫的姿態。陶淵明的厭世隱居，意外地讓蘇軾產生對「陶淵明」

偶像情結與真心崇拜，不只和陶詩一百零九篇，告知天下人，自己有多瘋追「陶詩」，也讓陶淵明的詩文，開始在宋代文壇熱傳，甚至一路廣受討論，無論你要留在官場泅泳，還是要勇敢離開做自己，哥都做了最好的示範。在〈與蘇轍書〉中，蘇軾點出：「無語世人，無所甚好，獨好陶淵明之詩。淵明所作詩文不多，其詩質而實綺，癯而實腴，自曹、劉、鮑、謝、李、杜諸人，皆莫及也。」蘇軾要我們記住陶潛哥的身影與高度，哥華麗的轉身，給了後世在官場載浮載沉的文青們，勇敢做自己的另類選擇。

●〈五柳先生傳〉與〈桃花源記〉

深澤七郎說的：人活著，就是活在每日每日的氛圍裡。生活的氛圍如果遭到了侵犯，活著這件事就變得不確切了。陶潛徘徊於「入仕與出仕」之間，他在找一個生命的解釋與答案。〈五柳先生傳〉：「閑靜少言，不慕榮利。好讀書，不求甚解，每有會意，便欣然忘食。性嗜酒，家貧，不能常得。親舊知其如此，或置酒而招之。造飲輒盡，期在必醉，既醉而退，曾不吝情去留。環堵蕭然，不蔽風日；短褐穿結，簞瓢屢空。晏如也。」這段自傳式的文字很有「實錄」的味道，不只描寫五柳先生的個性、讀書、嗜好、日常生活情形，更濃縮出哥是窮呀，即便窮到變成赤貧農夫，也窮出一身傲骨嶙峋的熠熠身影。

陶淵明〈桃花源記〉曾被當做是讓仙境變人境的代表作，哥把人人都嚮往的祥和靜美、自由富足的理想世界，透過武陵漁民的行旅路線，變成具體可實現的某種諭示：「緣溪行，忘路之遠近。忽逢桃花林，夾岸數百步，中無雜樹，芳草鮮美，落英繽紛。」意思是：「漁人沿著溪河往前走，不知走了多遠。忽然遇見一片桃花林，小溪兩岸全是桃樹，沒有夾雜其他的樹木，觸目所及綠草如茵，香氣襲人，微風吹拂之後，桃花紛紛灑落下。」陶淵明用了一個進入桃花源前的美好序幕，用虛構之筆把兵荒馬亂的暗黑現世，做了鮮明對照與療癒的祝禱。桃花源是道家勾勒的小國寡民生活：「土地平曠，屋舍儼然，有良田、美池、桑竹之屬，阡陌交通，雞犬相聞。其中往來種作，男女衣著，悉如外人；黃髮垂髫，並怡然自樂。」陶淵明設定的理想世界是土地平坦寬闊，房屋整齊，土地肥沃，池塘美麗，桑樹竹林環繞。田間小路交錯相通，村落彼此能聽到雞鳴狗叫的聲音。村莊裡面，來來往往的行人，都要耕種勞作，男男女女的衣著裝扮與桃花源外的世人一樣，老人和小孩都高高興興，自得其樂。在干戈不斷的亂世中，哥企圖用桃花源來擘畫一個可努力的世界：一如上古時代，民風淳樸，沒有人會被壓迫與剝削，沒有戰亂與動盪。最令人嚮往的生活其實就是寧靜的田居生活而已。

魏晉文學追求駢體文的形式之美，反讓文學創作產生創作的桎梏，甚至到了綁手綁腳的地步，辭官歸隱的陶淵明，筆下詩歌，描繪著田園美好的風光及農村生活的恬適，隱寓對理想社會的嚮往，偶有「人生無常」的感嘆卻多以「樂天知命」進行自我的對話。讀懂陶淵明勇敢面對內心的想望，安然自得、終其一生的蘇軾，不只以「質而實綺，癯而實腴」來美讚他，鍾嶸《詩品》也稱他為「隱逸詩人之宗」，陶淵明的敢作敢為，讓田園詩在中國文學史佔有一席重要的地位。

●厭世隱者養成記

閱讀陶淵明詩作要戴著厭世隱者濾鏡，你才讀得出至清至淡背後，濃濃的超凡隱者味，你得夠精準，才能發現陶淵明不是在無病呻吟，他的確憂道不憂貧，甚至用自己的特立獨行，毫不隱瞞地點出古人一生追逐仕途，卻犧牲對生命價值的堅守，這是多麼不值得的事。最可悲的是，讀聖賢書最後竟走到奪權謀利、構陷他人入罪，這更令人匪夷所思。他做個只關照自己內心的人，行事與作風的我行我素，不只很牛逼，也讓人看了很痛快！畢竟不說謊、不做作是

讀書人的底線，不做則已，一做就能做到位的，唯有陶淵明。哥就是能坦然面對自己的處境，寫出自己想讀的文字，一如〈責子詩〉對自己教養兒子的戲謔與人生的自省，非一般人能行文自如的。生活在重視九品官人門閥的時代長河，他硬是不被放在某個位置品頭論足，他硬是不寫應酬美文，反而非常接地氣地寫一個生活在田園的文人，用質樸語言，通俗易懂的文句，打動你的心，也讓人對厭世隱者的養成有了不一樣的感動與自惕吧！

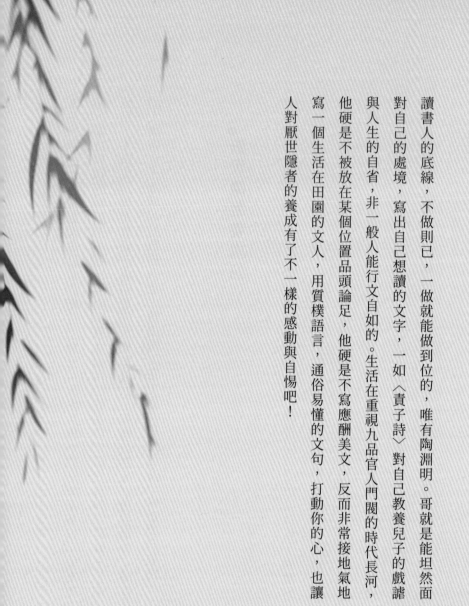

〈桃花源記〉

晉太元中，武陵人捕魚為業。緣溪行，忘路之遠近。忽逢桃花林，夾岸數百步，中無雜樹，芳草鮮美，落英繽紛。漁人甚異之，復前行，欲窮其林。林盡水源，便得一山。山有小口，髣髴若有光。便捨船，從口入。

初極狹，才通人。復行數十步，豁然開朗。土地平曠，屋舍儼然，有良田、美池、桑竹之屬，阡陌交通，雞犬相聞。其中往來種作，男女衣著，悉如外人；黃髮垂髫，并怡然自樂。見漁人，乃大驚。問所從來，具答之。便要還家，設酒、殺雞、作食。村中聞有此人，咸來問訊。自云先世避秦時亂，率妻子邑人來此絕境，不復出焉，遂與外人間隔。問今是何世，乃不知有漢，無論魏晉。此人一一為具言所聞，皆歎惋。餘人各復延至其家，皆出酒食。停數日，辭去。此中人語云：「不足為外人道也。」

既出，得其船，便扶向路，處處誌之。及郡下，詣太守，說如此。太守即遣人隨其往，尋向所誌，遂迷不復得路。南陽劉子驥，高尚士也；聞之，欣然規往，未果，尋病終。後遂無問津者。

——星座分析

天蠍座的你會愛上這樣的關漢卿？

翻開史冊典籍，關於關漢卿的生平紀錄，果真少的可憐，這點和天蠍座天生散發神祕感的作風，十分契合。畢竟，天蠍本性沉默寡言，不願意向人坦露太多自己的內心話。關漢卿像明星般的磁吸特質，隱身在群眾，還是化身為萬眾矚目的焦點，自身萌發的萬丈光芒，是怎樣也掩不住。

關漢卿說：即便自己牙齒掉落了、手腳跛了，也絕對不放棄戲曲。關漢卿以戲曲為一輩子的信仰，展現自己對戲曲的終生熱愛，難怪提到關漢卿就等同中國戲曲二字的濃縮。

關漢卿一出場，就開啟元曲的黃

金時代，他既是「驅梨園領袖，總編修師首，捻雜劇班頭」，也是領導整個戲劇界的一把手，一如王國維《宋元戲曲考》稱關漢卿是：「自鑄偉詞，而其言曲盡人情，字字本色，故當為元人第一。」有關漢卿在的地方，沒有人敢稱第一。

看到這，永遠只當龍頭老大的總裁天蠍座，是不是想追著關漢卿「跑」了呢？飽讀群籍的關漢卿，不求在仕途發光發熱，反在庶民的雜劇世界，透過一齣又一齣的戲曲，產生改變社會風氣的影響力——雜劇內容多以歷史人物為主，讓英雄做過的事、說過的話，撫慰人心，教化百姓，這些數不完的美好特質，讓熱情的天蠍座堅持要與之同行了。

熱門雜劇手藝人的職人路
——東方的莎士比亞關漢卿

●元曲夜空最閃亮的一顆星

看戲、追戲人人都愛，但故事手藝人的地位，在「萬般皆下品，唯有讀書高」的古代，並未因大家瘋狂追劇，編劇家的社會地位因而攀高。戲劇歷經先秦、漢唐、宋金的萌芽、醞釀、發展，中國戲曲史的黃金時期意外地出現在文人前路無光的元朝。

元朝實行族群分等，人們被分成蒙古人、色目人、漢人、南人四個等級，加上元朝廢黜科舉，社會階級無法透過知識翻轉流動，被異族統治的漢人儒士，長期瀰漫詩言志、文載道的士大夫傳統與建制，突然間失守了。

百無一用的讀書人，不只手無縛雞之力，面對其他行業，做不了工，種不了田，談不成生意，連靠自己求生存都有困難，甚至被身邊的人當成米蟲，變成啃老族。無法透過科舉取士翻轉社會階級，也無法找到淑士而用的使命。儒士的社會地位和存在的尊嚴幾乎被擊垮與打趴，這樣無情的存在困境，卻意外給雜劇在元代綻放萬丈光芒的機會。

面對社會位階低下，生活寒愴，讀書人面對生死存亡，為何要讀書的哲學問題出現了，儒士得先尋辦法替自己找出路，他們爲了生計，無關淑世道統，生死悲戚，得靠僅存的能力，有尊嚴地闖下去，素人編劇家成為此刻最好的職涯選擇。

關漢卿是落魄儒生變身為編劇一把手的典範，也是戲曲界最閃亮的明星，他不只把前代未完成的戲曲加以改革，甚至完成元雜劇的體裁，關漢卿寫出的雜劇不只質量皆精美，同時也涉足散曲，兩者兼擅。哥的作品俗中有雅，雅中有俗，雅俗兼收，每部作品、每齣戲都給閱聽人耳目一新的驚喜，卻不失雜劇本色，而此被譽為「字字本色，故當為元人第一」。哥不只搶下戲曲創作祖師爺的名號，還被西方戲劇界稱之為「東方的莎士比亞」。

●編劇一哥身世成謎

王牌編劇關漢卿是頭銜多元的故事手藝人，他不把編劇家當成卑微的職業，反而給他一個閃亮亮的頭銜——故事手藝人。

偉大了吧，你不做的，哥撿來做，還做得驚天動地，做出令人讚歎的成就啊。關漢卿三個字從此成為戲曲界璀璨奪目、閃耀文壇的星子，哥造成一股讓人追捧的「關式旋風」。

被列為元曲四大家之首的關漢卿，名字大家都耳熟能詳，作品也家喻戶曉，但留下的基本資料為何會如此之少呢？關漢卿為何會如此行蹤成謎？神祕的生平資料，彷若列入保密檔案似的，連身分、生卒年都無法清楚得知，留給後人懸念式地探問。

關於關漢卿的記載不僅少，且互有錯訛之處。《析津志輯佚．名宦》曰：

「關一齋，字漢卿，燕人。生而倜儻，博學能文。滑稽多智，蘊藉風流，為一時之冠。是時文翰晦盲，不能獨振，淹於辭章者久矣。」

關漢卿，姓關，是唯一沒有爭議的，「漢卿」是名或是字，因古人常以「字」來彼此稱呼或記錄，至今無法確定。關漢卿的號「已齋叟」，有部分書籍謄寫或印為「乙齋」或「一齋」，至今也無法確知正確名號。至於哥的籍貫故里，有兩個說法，一是大都，一是解州。至於，哥究竟是哪裡人，目前的研究，還是無法給我們統一的答案。後人多從他交遊的朋友，現存散曲作品，如《大德歌》的大德是元成宗的年號，推知他大致生於一二三〇年前後或金代末期，卒於十三世紀末或十四世紀初，再從某些行跡判知他是由金入元的士人，這位神祕巨星，因為他的作品讓你記得他留在世人心底的模樣。

雜劇爆紅，關漢卿掀起讀書會跟風

關漢卿愛戲寫戲，以「說故事」為職志的關漢卿，對於元代雜劇圈而言，是產出好故事的正字標記。只要海報印上了他的名字，大家就開始沒日沒夜地追戲。關漢卿精通音律，長於歌曲，擅長編劇，除了創作，熟識社會三教九流的關漢卿高超的表演才能，常被人鼓動而粉墨登場。明代臧晉叔《元曲選．序》提到「關漢卿輩爭挾長技自見，至躬踐排場，面傅粉墨，以為我家生活，偶倡優而不辭」，才子作家關漢卿性情風流狂放，無所顧忌，放蕩不羈，滑稽多智，博學能文，從編劇跨到演員圈看似是無心插柳，一演反引起轟動。哥人緣好到不行，不只和男主角、女主角，一拍即合，還能與劇組的場記、製片、燈光、攝影等等工作人員，變成無話不說的好朋友，哥一人身兼多職，從一齣戲的開始到結束，簡直就是一條龍作業，不只寫劇本還親自登台演戲，忙碌程度讓人瞠目啞然。有人說：他是個當行的戲劇活動家，這樣的評價一點也不為過。

讀書人變素人編劇，還要靠自己接案，真的不容易，關漢卿在沒聽過老師

上課學雜劇，全靠自學功力，不只無師自通，還被網羅成為北京盛行的「玉京書會」的才人（加入書會的作家被稱爲才人）。讀書人改變生活模式，認真學寫老百姓喜歡的、樂見的、新興的雜劇。關漢卿天縱奇才，這個書會因他而變成曝光度最高的天團，這群志同道合的人，聯手打造雜劇巨星，相互取暖、彼此拉抬，關漢卿寫著寫著，不只案源多到寫不完，也變成當代最紅的故事手藝人。只要他在書會一開班，編劇班學員爆滿，一堆讀書人都想當小編劇，都想喊他一聲師父，跟著他學習寫劇爆紅的技巧，這時候的他儼然已成金牌雜劇巨星。

他寫出的雜劇，還沒上檔，百姓瘋傳、追、捧，一堆人等著排隊要劇本。關漢卿爆紅靠的不只是實力，還有勤寫，以及深入民間生活探討社會議題的能力。如，對追求富貴者，不再扣上十惡不赦的帽子，他寫世態人情的炎涼、社會底層人物的百態，坦言平民積極功利的人生，趨利避害本來就是人性，值得肯定；他不粉飾太平，身為知識分子的內在價值受到挑戰，但為弱勢發聲的讀書人風骨與理想，哥沒忘，他用雜劇來捍衛與堅守自己的價值。正如王國維在《宋元戲曲考》中所指出：「關漢卿一空依傍，自鑄偉詞，而其言曲近人情，字字本色，故為元人第一。」哥的劇本不只聲譽、口碑、內容三優，最特別的是，同理每個階級的人民，尊重每個人的生活風格。

中國人最瞧不起的戲劇，被當成從事供人娛樂與調笑的職業，卻被關漢卿由黑翻紅，做出特色來，不只沒被看不起的顧慮，還自稱是「普天下郎君領袖，蓋世界浪子班頭」。他組編劇團，栽培新人，創作不輟，六十多部的雜劇，現存十多部。

●哥的雜劇是悲歌，也是High歌

回顧歷史長河，讀書人很少關注或書寫社會百姓的生活。在元代這樣「動不動挑人眼，剔人骨，剝人皮」的世道，文人無法靠詩歌和散文的正經主業安頓自己或他人，難登大雅之堂的小說、戲曲反變成另類撫慰人心的副業。關漢卿不投機地攀附權貴，也不消極地退隱山林，而是把這一生最愛的雜劇，當做終生推廣的職志，讓他入世地以雜劇暴露社會黑暗的現實，也表達在異族統治下，對美好未來的理想追求。

元代各地戲曲「書會」盛行，雜劇更顯蓬勃。元曲魁首關漢卿是最懂戲的人，他曾說：「你便是落了我牙，歪了我嘴，瘸了我腿，折了我手，天賜與我這幾般兒歹症候，尚兀自不肯休。則除是閻王親自喚，神鬼自來勾，三魂歸地府，七魄喪冥幽。天那，那其間才不向烟花路兒上走。」關漢卿流連勾欄瓦舍的同時，也看盡庶民生活的喜悲。當歌舞戲曲變成大眾的娛樂品，與哥友好的戲班老闆對場地布置可是很講究的，不只花大錢改造成舒服的VIP座，也帶動元代娛樂經濟的繁榮，文化人的積聚，看戲的地方富麗堂皇，如關爺說的「搖四壁翡翠濃陰，射萬瓦琉璃色淺」，置身在美侖美奐彷若現代太陽劇團的地方，可讓消費者即便掏錢也掏得很開心。

關漢卿在〈不伏老〉曾說：「我是箇蒸不爛、煮不熟、搥不扁、炒不爆、響鐺鐺一粒銅豌豆，恁子弟每誰教你鑽入他鋤不斷、斫不下、解不開、頓不脫、慢騰騰千層錦套頭。」關漢卿把自己比作銅豌豆，象徵自己是熱愛雜劇的鬥士，也是為人民生活而戰的勇士。哥寫的劇有濃郁的時代氣息，有浪漫的戀愛故事，有婦女的社會困境，有詭譎官場的公案。一位風流多情、關心世事的浪子編劇家形象躍然紙上。他寫的雜劇題材和形式是多元的，為後世留下許多精采絕倫的作品，哥用一齣又一齣的戲碼，挑戰現實社會的不公不平不義，更熱情謳歌底層小人物的反抗，撫慰被壓迫者的倉皇。關漢卿邊寫劇，也邊替自己人生的困頓與迷惘，找回知識分子的初心。

他催激出全民的戲劇魂，讓填詞譜曲不再是上流社會的專利。巧妙地透過雜劇創作，讓庶民在戲劇的耳濡目染下，有機會跟著哥的作品，推波助瀾地走向雜劇藝術殿堂。哥寫的劇呈現元曲特有的思想性與獨特的藝術性，不僅書寫痛斥黑暗腐敗社會的輓歌，也勾勒筆下小人物溫暖明亮的High歌。最重要的，當你同情竇娥、趙盼兒、杜蕊娘等美人無美命的悲慘遭遇時，同時，又會因她們奮力與黑暗社會做最後鬥爭的決心，點燃力爭上游的希望之光。哥的戲94浪子94狂，作品自成一種論述，又悲又High，一堆人追著而被稱為「關學」，因此，也被譽「曲家聖人」。劉大杰在《中國文學發展史》認為：關漢卿在中國戲曲史上的地位，猶如英國的戲劇大家莎士比亞。

●寫下雜劇史輝煌一頁的《竇娥冤》

關漢卿雜劇令人折服的是，他讓知識分子走出書房，走進庶民的社交聚會，你不用一輩子都為了榜上有名而讀書，放心做自己就對了。

關漢卿用諷刺手法刻畫弱女子被欺凌的悲嘆，再用悲劇手法反襯純潔善良如竇娥，被強權壓迫不屈不撓的反抗精神，兩者巧妙又完美地結合。透過竇娥刑前的唱詞，不只把女主角面對死亡仍恣肆快意地指天罵地，毫無懼色的形象凸顯對真理的捍衛，同時也隱含知識分子對人生的拷問，編劇的創意和巧思是空前絕後了。王國維大讚《竇娥冤》列於世界大悲劇中，亦無愧色也。

《竇娥冤》甫推出，在當時不只賺人熱淚，也獲得廣大的迴響，讓關漢卿變成元曲四大家之首，還締造哥雜劇事業的高峰。《竇娥冤》的熱播，在於情節跌宕起伏，催淚不濫情，偽善的社會氛圍，受貧者命運多舛，天地無眼？錯勘賢愚，放縱惡人？

關漢卿對人類生存處境的詰問，徹底撫慰許多受強權壓迫而受創的心靈。《竇娥冤》圍繞竇娥的「不幸」，哥還製造血飛白練、六月下雪、亢旱三年等罕見自然奇蹟的情節爆點，段段設置難關與危機，節奏緊湊，該轉折要反轉，配合劇情拐點與反轉的不確定性，製造懸疑，引人入勝，如原本溫柔善婉的竇娥在強權的迫害下，逐步顯露反抗性格和復仇意志。哥最厲害的，把有邏輯關聯的事情從頭串聯，打造連鎖反應構成極大的戲劇性，構建悲劇性的衝突感，讓閱聽人心有感而有所觸發，如《竇娥冤》第一折曲詞呈現竇娥淒涼感傷，呈現女性的陰柔的氣質。第二折對簿公堂，竇娥三樁誓願，被仗刑的竇娥與監斬官對話，曲詞高揚悲憤、怨憤激烈，頗有陽剛氣質。情節轉折，移步換形，一波未平一波又起，使得觀眾心弦被情節緊緊扣住，一步步把情緒引向高潮。如竇娥的善良反引來大惡之人的覬覦，面對官吏的欺壓，竇娥一改之前的善良性情，以「小惡精神」拚命抗爭。無法預測的情節發展，結局不再依慣例採用大團圓的形式，塑造悲劇人物內在崇高偉大的精神，反讓竇娥正義女子的形象深入民心，奠定關漢卿在中國文學史和中國戲曲史的地位，特別是為悲劇藝術做了奠基。朱權《太和正音譜》說：「觀其詞語，乃可上可下之才，蓋所以取者，初為雜劇之始，故卓以前列。」關漢卿雜劇創作的卓絕成就和對後世深遠的影響，列為雜劇之首，實至名歸，一如弔詞稱他為「驅梨園領袖，總編修師首，捻雜劇班頭」，恰把哥在元代劇壇上的至高地位烘托而出。

●當戲曲一哥遇上戲劇一姊

哥風流倜儻，才華洋溢，寄迹青樓，每段感情都是認真的，都是轟轟烈烈的。姊本姓朱，珠簾秀是藝名，河南洛陽人，不只唱功佳演技好，能詩善曲，不只花旦等所有女性角色都能扮演，甚至還成功挑戰女扮男裝的「末」角。元代最重量級的女伶，不只沉魚落雁、風姿綽約，還萬人追捧，不只舞台上演出活躍，舞台下的私生活也是多彩多姿。風靡一時的戲劇一姊是名公文士推重的戲劇界扛霸子。關漢卿、胡祗遹、盧摯、馮子振、王澗秋等名士，多與之有詞曲贈答。

當戲曲一哥遇上戲劇一姊，兩位戲劇圈的翹楚遇見了，顏值、言值都爆表的哥姊，相互在彼此的合作中，找到更上一層樓的創作動力，也互許真心。例如朱簾秀主演關漢卿的《望江亭》、《救風塵》等新作時，不只演來絲絲入扣、眉飛色舞，神采煥發，幾乎要年年拿下年度最佳雜劇女主角的大獎了。而關漢卿在寫聰慧絕倫而身世不堪的的女性角色時，從朱簾秀這位優秀女藝人身上，找到寫戲的原型，寫戲的靈感，素材因而源源不絕。兩人水幫魚，魚幫水，兩人的相知相惜，記錄一代戲曲作家與女演員的真感情與相互扶持的佳話，同時，戲曲史也留下許多因兩人愛的火花，激盪而出的好作品。眼尖的網民從關漢卿到揚州，留下著名的南呂套曲《贈珠簾秀》猜想，兩人愛得火熱。甚至從中蒐集到兩人愛的鐵證——

輕裁蝦萬須，巧織珠千串；金鉤光錯落，繡帶舞蹁躚。似霧非煙，妝點就深閨院，不許那等閒人取次展。搖四壁翡翠濃陰，射萬瓦琉璃色淺。

【梁州】富貴似侯家紫帳，風流如謝府紅蓮，鎖春愁不放雙飛燕。綺窗相近，翠户相連，雕櫳相映，繡幕相牽。拂苔痕滿砌榆錢，惹楊花飛點如綿。愁的是抹迴廊暮雨簫簫，恨的是篩曲檻西風剪剪，愛的是透長門夜月娟娟。凌波殿前，碧玲瓏掩映湘妃面，沒福怎能夠見？十里揚州風物妍，出落著神仙。

【尾】恰便似一池秋水通宵展，一片朝雲盡日懸。你個守户的先生肯相戀，煞是可憐，則要你手掌兒裡奇擎著耐心兒卷。

哥雖是愛上了，卻又隱諱地不想愛到眾所皆知。或許，他也知道，當以創作作為情感的註腳，這是一場早就注定會沒有結局的愛戀。《贈珠簾秀》內容典雅華美，畫面穠麗唯美，哥刻意使用借物詠人的藝術手法，運用諧音雙關，透過珠簾的反覆咏唱，活潑生動地襯托出這位著名雜劇女演員的迷人風采。第二個段落是全套的重點。雅麗不豔，俗而不鄙，一層深入一層，字裡行間透露對秀美的簾秀藏有傾慕之情，尾曲隱涵對還君明珠雙淚垂，恨不相逢未嫁時的女主，含蓄地表達對簾秀的讚賞和愛慕。哥面對元代雜劇圈最火紅的女主，有愛說不得，有情給不了，畢竟，女主可是有婚約在身的。但是，各類八卦雜誌，都故意繪聲繪影地把朱簾秀與關漢卿寫成一對恩愛的情侶，還謠傳有人看見他們十指交扣，愛得瘋狂。甚至捕風捉影，從關漢卿的曲作，大做文章。雖然，雙方都否認緋聞，但兩人的確有很好的交情，從關漢卿寫給朱簾秀的作品，確實能看出哥與姊走過、路過也錯過，但卻也愛過的浪漫呀！

●賢的是他，愚的是我，爭什麼！

浪子雜劇家，也是個生活藝術家，從不講究出入排場，也不強調物質的華奢，他喜歡劇場生活瀰漫的真誠與豁達，更沉浸在鄉間生活人們和睦友好，真誠相待的人情，因此，從《四塊玉．閒適》：「舊酒投，新醅潑，老瓦盆邊笑呵呵，共山僧野叟閒吟和。他出一對雞，我出一個鵝，閒快活！」意思是：「老酒已經再次釀過，新酒也釀造出來了，大家圍著老瓦盆一個個笑呵呵，和山僧村翁一起飲酒唱和。他出一對雞，我出一個鵝，休閒的日子好快活。」你會發現，他的生活沒有世俗的恩恩怨怨，官場的爾虞我詐，繁瑣禮節的窠臼，他與人相交，順應自然，喜歡的宴飲是一家一菜，率性而行的形式，大家既是主也是客，沒有位階，平等真誠的歡聚暢飲，返樸歸真的人情味。關漢卿用樸質的文筆，表現自己此生追求一份如道家超然的高雅生活情趣。再從「南備耕，東山臥，世態人情經歷多，閒將往事思量過。賢的是他，愚的是我，爭什麼！」意思是：我像陶潛一樣在南邊地上耕作過，像謝安一樣在東邊山上仰臥過，經歷世態人情多了。閒暇時把往事一一思量過。賢明的是他，愚蠢的是我，還爭什麼呢？

哥不只深諳戲劇娛樂特質，經歷過世間風雨，看盡賢愚顛倒的現實，人生不過夢一場，的確沒有什麼可爭的了。曲末一聲「爭什麼」，道盡哥這一生率性而活，為雜劇拚搏的瀟灑，也為元代專業戲劇家的一生，雜劇反映元代社會各個階層的人對生活奮力上游的可敬與可愛。如今，也為哥的一生畫上最完美的句點。此刻，我的耳邊迴盪茄子蛋唱著〈浪子回頭〉的畫面：「菸一支一支一支的點，酒一杯一杯一杯的乾，請你要體諒我，我酒量不好賣給我衝康。時間一天一天一天的走，汗一滴一滴一滴的流，有一天，咱都老，帶某子逗陣，浪子回頭……」回顧關漢卿雜劇手藝人的職人路，親歷紛繁的世情，創作無數好作品，閒適的感悟會是浪子回頭的雲淡風輕嗎？

《感天動地竇娥冤》第三折「六月飛雪」

（外扮監斬官上，云）下官監斬官是也。今日處決犯人，著做公的把住巷口，休放往來人閒走。

（淨扮公人鼓三通、鑼三下科。劊子磨旗、提刀，押正旦帶枷上）

（劊子云）行動些，行動些，監斬官去法場上多時了！（正旦唱）

【正宮】【端正好】沒來由犯王法，不隄防遭刑憲，叫聲屈動地驚天！頃刻間遊魂先赴森羅殿，怎不將天地也生埋怨？

【滾繡球】有日月朝暮懸，有鬼神掌著生死權，天地也，只合把清濁分辨，可怎生糊突了盜蹠、顏淵？為善的受貧窮更命短，造惡的享富貴又壽延。天地也，做得箇怕硬欺軟，卻元來也這般順水推船。地也，你不分好歹何為地？天也，你錯勘賢愚枉做天！哎，只落得兩淚漣漣。

（劊子云）快行動些，誤了時辰也。（正旦唱）

【倘秀才】則被這枷紐的我左側右偏，人擁的我前合後偃，我竇娥向哥哥行有句言。（劊子云）你有什麼話說？（正旦唱）前街裡去心懷恨，後街裡去死無冤，休推辭路遠。

（劊子云）你如今到法場上面，有什麼親眷要見的，可教他過來，見你一面也好。（正旦唱）

【叨叨令】可憐我孤身只影無親眷，則落的吞聲忍氣空嗟怨。（劊子云）

難道你爺娘家也沒的？（正旦云）止有個爹爹，十三年前上朝取應去了，至今杳無音信。（唱）早已是十年多不睹爹爹面。（劊子云）你適纔要我往後街裡去，是什麼主意？（正旦唱）怕則怕前街裡被我婆婆見。（劊子云）你的性命也顧不得，怕他見怎的？（正旦云）俺婆婆若見我披枷帶鎖赴法場餐刀去呵，（唱）枉將他氣殺也麼哥，枉將他氣殺也麼哥！告哥哥，臨危好與人行方便。

（卜兒哭上科，云）天那，兀的不是我媳婦兒！

（劊子云）婆子靠後！

（正旦云）既是俺婆婆來了，叫他來，待我囑付他幾句話咱。

（劊子云）那婆子，近前來，你媳婦要囑付你話哩。

（卜兒云）孩兒，痛殺我也！

（正旦云）婆婆，那張驢兒把毒藥放在羊肚兒湯裡，實指望藥死了你，要霸佔我為妻。不想婆婆讓與他老子吃，倒把他老子藥死了。我怕連累婆婆，屈招了藥死公公，今日赴法場典刑。婆婆，此後遇著冬時年節，月一十五，有瀽

不了的漿水飯，瀽半碗兒與我吃；燒不了的紙錢，與竇娥燒一陌兒。則是看你死的孩兒面上！（唱）

【快活三】念竇娥葫蘆提當罪愆，念竇娥身首不完全，念竇娥從前已往幹家緣。婆婆也，你只看竇娥少爺無娘面。

【鮑老兒】念竇娥服侍婆婆這幾年，遇時節將碗涼漿奠；你去那受刑法屍骸上烈些紙錢，只當把你亡化的孩兒薦。（卜兒哭科，云）孩兒放心，這個老身都記得。天那，兀的不痛殺我也！（正旦唱）婆婆也，再也不要啼啼哭哭，煩煩惱惱，怨氣沖天。這都是我做竇娥的沒時沒運，不明不暗，負屈銜冤。

（劊子做喝科，云）兀那婆子靠後，時辰到了也。

（正旦跪科）

（劊子開枷科）

（正旦云）竇娥告監斬大人，有一事肯依竇娥，便死而無怨。

（監斬官云）你有什麼事？你說。

（正旦云）要一領淨席，等我竇娥站立；又要丈二白練，掛在旗槍上：若是我竇娥委實冤枉，刀過處頭落，一腔熱血休半點兒沾在地下，都飛在白練上者。

（監斬官云）這個就依你，打什麼不緊。

（劊子做取席站科，又取白練掛旗上科）（正旦唱）

【耍孩兒】不是我竇娥罰下這等無頭願，委實的冤情不淺；若沒些兒靈聖與世人傳，也不見得湛湛青天。我不要半星熱血紅塵灑，都只在八尺旗槍素練懸。等他四下裡皆瞧見，這就是咱萇弘化碧，望帝啼鵑。

（劊子云）你還有甚的說話？此時不對監斬大人說，幾時說那？

（正旦再跪科，云）大人，如今是三伏天道，若竇娥委實冤枉，身死之後，天降三尺瑞雪，遮掩了竇娥屍首。

（監斬官云）這等三伏天道，你便有衝天的怨氣，也召不得一片雪來，可不胡說！（正旦唱）

【二煞】你道是暑氣暄，不是那下雪天；豈不聞飛霜六月因鄒衍？若果有一腔怨氣噴如火，定要感的六出冰花滾似綿，免著我屍骸現；要什麼素車白馬，斷送出古陌荒阡！

（正裡再跪科，云）大人，我竇娥死的委實冤枉，從今以後，著這楚州亢旱三年！

（監斬官云）打嘴！那有這等說話！（正旦唱）

【一煞】你道是天公不可期，人心不可憐，不知皇天也肯從人願。做什麼三年不見甘霖降？也只為東海曾經孝婦冤，如今輪到你山陽縣。這都是官吏每無心正法，使百姓有口難言！

（劊子做磨旗科，云）怎麼這一會兒天色陰了也？

（內做風科，劊子云）好冷風也！（正旦唱）

【煞尾】浮雲為我陰，悲風為我旋，三椿兒誓願明題徧。（做哭科，云）婆婆也，直等待雪飛六月，亢旱三年呵，（唱）那其間才把你個屈死的冤魂這竇娥顯！

（劊子做開刀，正旦倒科）

（監斬官驚云）呀，真個下雪了，有這等異事！

（劊子云）我也道平日殺人，滿地都是鮮血，這個竇娥的血都飛在那丈二白練上，並無半點落地，委實奇怪。

（監斬官云）這死罪必有冤枉。早兩椿兒應驗了，不知亢旱三年的說話，准也不准？且看後來如何。左右，也不必等待雪晴，便與我抬他屍首，還了那蔡婆婆去罷。（眾應科，擡屍下）

（本文摘錄自陳芳英著《經典·關漢卿·曲》，麥田出版）

——星座分析

射手座的你會愛上這樣的白居易？

白居易七個月就識「之無」，可是高智商的神童。年輕的他樂觀積極，充滿魅力，一到長安，就有顧況戲白居易的新聞，瞬間變成上至宮廷下至民間的長安風雲男。為官手握實權，不僅體察民心，兼濟天下，時時對百姓展現他的關懷與慈悲。

身為新樂府運動的倡導者，白居易大力推廣詩歌改革，不只有元積相挺，還有眾多文友唱和，讓他引領風騷，成為中唐現實主義詩人的領袖。他認為：「文章合為時而著，歌詩合為事而作」，唯有平易通俗的語言，最能反映當代的時事，陳述民間的疾苦。後來，白居易的詩作，不只火紅推播到全國各地，還圈粉圈到新疆、朝鮮、日本，變成全球矚目的國際詩人。

不過，官場上的勾心鬥角，讓生性瀟灑、熱愛自由的白居易，心也累了。晚年的白居易，常家釀美酒，以詩、酒、禪、琴及山水自娛。白居易每次喝酒時，必找一群風雅名流同歡同樂，只要是哥請的客，一定就是米其林三星等級的。白居易不只是庸俗終結者，更是射手嚮往的完美人呀！渾身優點的白居易，讓射手座佩服得五體投地了，尤其他夠真心坦白，對朋友夠慷慨大方，是射手座最喜歡的高社交情商者。

搞熱它！不怕冷場的社交男神
——白居易好人緣的吸引力法則

唐代還沒有互聯網，有人就懂社交紅利的重要。這個人懂得用社交傳播個人理念，掌握文壇火紅話題。他懂得：誰掌握了社交，就擁有了人脈，誰掌握了人脈，就能讓自己在居不易的長安「安身立命」。

白居易祖籍山西太原，生於河南新鄭，字樂天，早年積極從事政治改革，關懷民生，不只「文章合為時而著，歌詩合為事而作」，還倡導「新樂府運動」，作品平易近人，老嫗能解。晚號香山居士、醉吟先生。

從小就是天才兒童的白居易，成名得很早。一首十六歲時做應考詩的習作〈賦得古原草送別〉：「離離原上草，一歲一枯榮。」讓京都名士顧況歎為觀止，不斷向人舉薦。

貞元十六年，二十九歲的白居易靠自己的蠻荒之力一舉中的，開心地向世人發文：「慈恩塔下題名處，十七人中最少年。」意思是：白居易向大家正式宣告，大雁塔榜上有名的十七位新晉進士中，最年輕的春風少年兒是我！未來，就是我白居易的世界，這個世界開始由我來定義。

白居易善於經營自己，有目標地樹立自己是社交圈領袖的形象。後來，果真也成為民間詩人點播率最高、蟬聯人氣王週次最多的中唐詩人。

●哥不可能因你按一個讚，就讓你進圈

白居易的群組，不是你按個讚，發個好友邀請就能進圈。白哥不只懂得外交手腕，對身邊的好友圈，也是講求「門當戶對」的。當你不夠強，連進圈的機會都沒有。有人笑稱這個圈都是出宰相的。例如，鐵血宰相武元衡（武則天

的曾侄孫），不只和白居易是同年的狀元郎，更是當代第一美男詩人。他與白居易是舊識鄰居，白居易的幽默風趣和擇善固執的武元衡在個性上有了互補。後來，武元衡舉薦薛濤為校書郎（實際上相當於武元衡的貼身祕書），愛慕薛濤的白居易不只吃醋也羨慕，兩人的情誼因與美女詩人薛濤陷入剪不斷理還亂的三角曖昧，自此友情變質，朋友變情敵……武元衡也慢慢地淡出群組，最後還自動退團。

不料，憲宗元和十年（八一五）拂曉，致力於削弱藩鎮割據的武元衡、裴度兩人遇刺——官居宰相的武元衡被刺客殘殺，裴度深受重傷。白居易聽聞武元衡被殺後，不只忘記兩人嫌隙，仗義執言，上書給皇帝，要求迅速逮捕兇手。因為白居易的大動作，得罪當權者，被貶為江州司馬。白居易社團一哥的位置，不是浪得虛名的，他對受磨難及壓迫的群友，有著慈悲的心腸、行俠仗義的大哥風範，只要你進過圈，哥就是要挺你、助你、護你。

與白居易、元稹一起揪團推動新樂府運動的李紳，對白居易的才學打從心底欽佩的。不管白居易酸他、句點他，他都想賴在圈裡和他當好朋友。白居易寫

《秦中吟》十首、《新樂府》五十首；元稹就回贈《新樂府》十二首；李紳就搞了《樂府新題》二十首來推波助瀾，讓新樂府運動變成風風火火的話題與流行。

白居易〈戲贈元九、李二十〉：「一篇長恨有風情，十首秦吟近正聲。每被老元偷格律，苦教短李伏歌行。」意思是：「我的〈長恨歌〉寫來充滿真摯的感情，十首《秦中吟》發出鏗然的聲音，每次被元稹學去我作詩的風格韻律，更是辛苦教會李紳寫詩，讓他對我的樂府詩心悅誠服。」一般人看到這首詩，感覺白居易好像很毒舌，對李紳很不友善。好歹李紳寫過〈憫農〉，這首詩可讓唐穆宗感動到不要不要。甚至說出：「朕久居高堂，忘卻民間疾苦，朕之過也。」李紳並不是大肚之人，但他懂圈內的規矩，參與過新樂府運動深諳白哥若沒有代表能力的1，後面代表人脈的0再多，也沒有意義。白居易有才情，沒運氣，李紳不只自願被白居易叫「短李」（個子短小、個性精悍），也懂他的牢騷，對他的作品佩服到五體投地。李紳知道這個群不是一個按讚，就能進的黃金文人圈，只要能進圈，被叫什麼都好，只要貼個新樂府運動，你的社交好感度就是無限攀升。

●點播率最高、改編率爆量的作品

如果說白居易是中唐文壇的第二，沒有人敢舉手說第一。白居易活躍中唐社交圈，更是中唐當之無愧的流行歌王。他不只靠交友的手腕，更是深知弱連結的重要，百分之九十九的成功機會都來自路人，所以他主動出擊、傳達關注。例如，他在潯陽江頭「忽聞水上琵琶聲」，就主動「移船相近邀相見，添酒回燈重開宴」，發起熱門話題，表示自己邂逅色衰空守的琵琶女，如何與之積極互動，甚至鉅細靡遺地寫下琵琶女曲折的人生，最後，寫下「同是天涯淪落人，相逢何必曾相識」擊中無數寂寞心的金句，一句入魂掌握不只是與人互動的交心術，更是父母官直搗人心的「我知道」、「我懂你」。

〈琵琶行〉一推出，讓一群好友在底下追文留言：哥喝的不是酒，而是寂寞；姊談的不是琵琶，而是看淡。有白居易在的地方，就不怕冷場，他習慣拋磚引玉，製造話題，不斷在中唐詩人社群裡引流，〈琵琶行〉曲弦聲裡彈的是人生；詩句扉頁寫的是人情，〈琵琶行〉創下中唐流量最高、人氣最高的紀錄。

憲宗元和元年，他與友人陳鴻、王質夫到馬嵬驛附近的仙遊寺遊憩，白居易一被王質夫吹捧：「樂天深於詩，多於情者也，試為歌之，如何？」就發揮詩壇一哥的功力，加工潤色地寫下曠世巨作長篇敘事詩〈長恨歌〉。他有感於唐玄宗、楊貴妃的淒美愛情，又心繫政治時局的暗黑，以詩記錄一段可能會隨著時間遞嬗而被遺忘的慘痛歷史及愛情故事。從「漢皇重色思傾國」開始譴責玄宗荒淫國傾，塑立諷諭詩的典範；又以「但教心似金鈿堅，天上人間會相見」歌頌兩人愛情的真摯與至美。死後的楊玉環羽化成仙，淡化自己是安史之亂的一代罪人。化身為癡情君王的唐玄宗，褪去昏君的外衣，旖旎穿越時空的愛戀，讓人心痛也垂淚。

〈長恨歌〉不只諷諭與歌頌揉合，批判與同情交織，大唐的繁華因這段變色的愛情而輝煌不再，君妃動人心魄的愛恨情仇，有社會現實的「惡」，也是人間至愛的美。

〈長恨歌〉在當代不只點播率高，也被後代拿來改編成唐宋傳奇，元明雜劇，清代戲曲、話本、小說等，是後代文人喜愛度、改編率爆棚的作品！

九江之貶，白居易仕途之路暴跌，對自尊心強的一哥打擊是很大的。因此，後人認為〈琵琶行〉比〈長恨歌〉更能代表白居易的詩壇價值：〈長恨歌〉寫的是別人的風花雪月、國破家亡，〈琵琶行〉寫的是自己江州司馬青衫濕，那無以渲洩的悲催呀！

●地表最強的「控場力」

肩負社會寫實詩人的招牌，白居易在政治上的選擇，無法走在主流圈上。即便在政治發言權上陷入「沒有機會」、「被邊緣化」、「無法掌握主動權」的困境，他卻善用社交力與人際關係，按自己的想法，引領夥伴，還是放大亮點，讓團隊被看見。

元稹和白居易同年「北漂」，一起登榜成功，兩人在群裡以身作則，讓群友遵守群規，有感吹捧，白哥你給我一封貼文，元弟我不只給你一個愛心，外加一篇相應答的貼文。

白居易找到神隊友就不再放手，肩負群主，就是群裡老大，自然要展現圈群實力，不只要主動標註好友，讓對方不斷持續跟進，也要在朋友圈熱絡互動、拉抬人氣。例如：元和四年，元稹爲監察禦史，奉命去劍外公出，白居易和李杓直、胞弟白行簡到曲江和慈恩寺春遊，不只留下「遍歷僧院，淹留移時」的紀錄，還主動Tag正出差到梁周的元稹，表達自己雖然身在旅踏，心裡還是有著故友的。甚至，揣度其行程，寫下〈同李十一醉憶元九〉：「花時同醉破春愁，醉折花枝作酒籌。忽憶故人天際去，計程今日到梁州。」意思是：花開之時，我們一同醉酒以消解春帶來的愁緒，醉酒後，攀折花枝當做喝酒的籌碼。突然間，想到老友（元稹）遠去他鄉不可見，屈指算來，你今天行程該到梁州了。

說也離奇，身在梁州的元稹當天做了一個他與李杓直、白居易同遊曲江慈恩寺的夢，醒來不只Tag白居易，還寫一首〈梁州夢〉來記錄：「夢君同繞曲江頭，也向慈恩院院游。亭吏呼人排去馬，忽驚身在古梁州。」意思是：夢見與李建（字杓直）和白居易一起遊覽曲江，並到了慈恩寺裡的各個僧院。後來突然驚醒，換乘的馬已牽到階下，送公文書信的使節已呼叫天亮了，這才知道自己身在古老的梁州。

數十日後，當白居易收到〈梁州夢〉時，發現元稹寫的夢境與實境吻合，印證兩人真有心電感應的。其弟白行簡親歷此事，撰文〈三夢記〉Tag所有當事者，記錄這段即便人不在身邊，我也知道你在想什麼的玄妙際遇。《唐才子傳》亦云：「微之與白樂天最密，雖骨肉未至，愛慕之情，可欺金石，千里神交，符合符契，唱和之多，無逾二公者。」

兩人不只在群組惺惺相惜，因為常常針砭社會現況，變成評論時事的領袖。元和五年（八一〇），元稹在華陰縣的敷水驛與宦官發生衝突（史稱「敷水驛事件」），唐憲宗將吃悶虧的元稹貶為江陵士曹參軍，白居易連上三書為元稹申冤，不只賭上自己的政治前途，也得罪宦官與皇帝。白居易寧願被人背後捅刀而遭貶，也不願放著元稹不出聲。白居易做到這裡，已經為兩人的友情找到控場力了，當你是被白居易選中的人，待在他身邊越久，你對他的好感度只會與日俱增，從此有了依戀，怎樣也不願離開有情有義的他呀！

糾察天團靠的是百封詩信傳情

白居易是個高敏感的人，他有比別人更多的同理心。當你的心累了，他懂得傾聽，讓你做回最真實的自己！最經典的例子就是他與劉禹錫互贈百首詩信的文壇紀錄。不只輕鬆把劉禹錫從柳宗元身邊轉台到自己的群，透過書信、詩歌相應答，讓兩人即便很少見面也能感情增溫，博個「劉白」的並稱！

劉禹錫是貞元九年進士，初始加入王叔文集團，推動政治改革。沒想到，王氏集團八人改革沒成功，反被唐憲宗貼上異議分子，變成愛作亂的黑五類。劉禹錫不只被降職到蠻荒之地朗州（湖南境內），一待就待上十年。就在唐憲宗佛心來著，把他找回長安的途中，終於見著心心念念的筆友白居易。酒席上，白居易把箸擊盤，為劉禹錫慷慨悲歌一曲，大抵是說，劉禹錫的才華出眾，命運才會受人妒忌而坎坷，感嘆他「二十三年曲折太多」。白居易要劉禹錫不用去追逐世俗眼中的璀璨，肯定自己是顆耀眼的鑽石，眾聲喧譁，我可是愛死你的這種耿介與桀拗，你在我眼裡就是「前無古人後無來者」的特別人種一枚。

劉禹錫的悲慘人生彷彿被讀懂了，他暖暖回贈一首〈酬樂天揚州初逢席上見贈〉：「巴山楚水淒涼地，二十三年棄置身。懷舊空吟聞笛賦，到鄉翻似爛柯人。沉舟側畔千帆過，病樹前頭萬木春。今日聽君歌一曲，暫憑杯酒長精神。」意思是：巴山楚水一帶荒遠淒涼，二十三年來，我被朝廷拋棄在那裡。回到家鄉後，熟悉的人都已逝去，只能哼唱著向秀聞笛時寫的〈思舊賦〉來懷念他們，而自己也成了神話中那個爛掉了斧頭的人，已無人相識，真令人恍如隔世啊。在沉舟旁邊有上千條船爭相駛過，枯敗的病樹前萬棵綠樹生機勃發。今天聽到你為我作的那一首詩，就借這美酒重新振作起精神吧。

白居易後來不再愛浮誇的頌辭，他喜歡上接地氣的「毒雞湯」（諷喻詩）。他敏感地知道走了「唯歌生民病，願得天子知」這條糾察天團的不歸路，注定就是要常常徘徊在孤單寂寞覺得冷的官宦之途。

白居易挑選當代最貼心的夥伴元稹、劉禹錫，領著中唐糾察天團前進，哥陪他們咬著牙熬過現實，打造相互烘托的文學史上的終極地位。

●想贏得感情就不要怕給

白居易的交友之道，用到現代還是很火的。我們都知道：社群經營要建立運營、分享理念、匯聚智慧、有機統一，打造一個同頻共振的生命共同體。社群的頭頭必須要有目標與建立長遠價值，願意給真心，不怕與人搏真情，讓大家喜歡到群裡討拍，在同溫層交流，甚至，願意把時間花在這個群裡。

白居易為了贏得感情，從不怕給的多，做的多。大家因為珍惜他，也開始認真 Hold，不想讓他太累。沒人想破壞這個團讓它分崩離析。他們努力讓婉轉樸素的民歌復活，把反應庶民生活、表現在地風土人情的詩作，大力倡導推廣，讓所有人都能接觸「新樂府」。

當你流離失所的時候，白居易一封信一封信的幫你找關係，幫你想辦法；他沒有因為自己好過，而忘記為理想而搞得命運乖舛的群內好友。哥可以輸掉仕途前程，卻不願失去與友達一唱一和、一來一往的真實快樂，白居易讓所有中唐詩人找到糾察天團存在之必要，這個同溫層厚到什麼都不怕，因為有哥在，一切都安了。

劉白百首詩信的流轉，不是裝逼，而是情深，元白如膠似漆的情分，不是矯情，而是默契。白居易天生就有一種不怕事的糾察隊性格，樂觀和豁達的生命韻味，認識他，讓你覺察擁有一個懂你的人，是幸福；進他的群，讓你擁有一群挺你的人，是奢華的幸福。有白居易的地方，只有溫暖，沒有冷場，這樣的人，你還不大聲叫他：社交男神，你在哪？歐巴！歐巴！歐巴！我愛你。

〈琵琶行〉

元和十年，予左遷九江郡司馬。明年秋，送客湓浦口，聞舟中夜彈琵琶者，聽其音，錚錚然有京都聲。問其人，本長安倡女，嘗學琵琶於穆、曹二善才，年長色衰，委身為賈人婦。遂命酒，使快彈數曲。曲罷憫然，自敘少小時歡樂事，今漂淪憔悴，轉徙於江湖間。予出官二年，恬然自安，感斯人言，是夕始覺有遷謫意。因為長句，歌以贈之，凡六百一十六言，命曰《琵琶行》。

潯陽江頭夜送客，楓葉荻花秋瑟瑟。主人下馬客在船，舉酒欲飲無管絃。

醉不成歡慘將別，別時茫茫江浸月。忽聞水上琵琶聲，主人忘歸客不發。

尋聲暗問彈者誰？琵琶聲停欲語遲。移船相近邀相見，添酒回燈重開宴。

千呼萬喚始出來，猶抱琵琶半遮面。轉軸撥絃三兩聲，未成曲調先有情。

弦弦掩抑聲聲思，似訴平生不得志。低眉信手續續彈，説盡心中無限事。

輕攏慢捻抹復挑，初為《霓裳》後《六幺》。大弦嘈嘈如急雨，小弦切切如私語。

嘈嘈切切錯雜彈，大珠小珠落玉盤。間關鶯語花底滑，幽咽泉流冰下難。

冰泉冷澀弦凝絕，凝絕不通聲暫歇。別有幽愁暗恨生，此時無聲勝有聲。

銀瓶乍破水漿迸，鐵騎突出刀槍鳴。曲終收撥當心畫，四弦一聲如裂帛。

東船西舫悄無言，唯見江心秋月白。沉吟放撥插弦中，整頓衣裳起斂容。

自言本是京城女，家在蝦蟆陵下住。十三學得琵琶成，名屬教坊第一部。

曲罷曾教善才服，妝成每被秋娘妒。五陵年少爭纏頭，一曲紅綃不知數。

鈿頭銀篦擊節碎，血色羅裙翻酒污。今年歡笑復明年，秋月春風等閒度。

弟走從軍阿姨死，暮去朝來顏色故。門前冷落鞍馬稀，老大嫁作商人婦。
商人重利輕別離，前月浮樑買茶去。去來江口守空船，繞船月明江水寒。
夜深忽夢少年事，夢啼妝淚紅闌干。我聞琵琶已嘆息，又聞此語重唧唧。
同是天涯淪落人，相逢何必曾相識！我從去年辭帝京，謫居臥病潯陽城。
潯陽地僻無音樂，終歲不聞絲竹聲。住近湓江地低濕，黃蘆苦竹繞宅生。
其間旦暮聞何物？杜鵑啼血猿哀鳴。春江花朝秋月夜，往往取酒還獨傾。
豈無山歌與村笛？嘔啞嘲哳難為聽。今夜聞君琵琶語，如聽仙樂耳暫明。
莫辭更坐彈一曲，為君翻作《琵琶行》。感我此言良久立，卻坐促弦弦轉急。
淒淒不似向前聲，滿座重聞皆掩泣。座中泣下誰最多？江州司馬青衫濕。

星座分析

魔羯座的你會愛上這樣的歸有光？

「弱冠盡通六經、三史、大家之文」的歸有光，此生都走在科舉考試的路上，即便屢考屢敗，為了替家族爭一口氣，搏得進士之名，光耀歸家門楣，這趟路，他走了就永遠不回頭。

歸有光性格嚴謹守紀，堅毅踏實，凡事盡心盡力，即便面對崎嶇坎坷的科考生活，仍展現不屈於權勢的性格。明代科舉場舞弊之風盛行，久考不上的歸有光卻絕不背棄自己的正直，更不願攀炎附勢，為求躋身仕途，而忘記自己的道德底線，他用自己的方式圓夢，走得多慢都無所謂，只要走得直挺，走得讓人尊敬。魔羯座是不會妥協的星座，常讓人有難以溝通又強硬難搞的錯覺，在人際關係的處理，他們的確冷靜，對人與人的互動，劃出了禮貌的距離，他們一定會認同歸有光在明代追求摹古的潮流中，即便活得孤獨，也活得高傲。說到底，放棄很簡單，堅持卻很難，這點歸有光做到了，更做得徹底，這讓不斷走在奮鬥路上的魔羯有了想像的對象——歸有光堅守立場，反抗當時潮流上的前後七子文學家。一介鄉間老舉人竟敢與當代文壇領袖王世貞進行多次論辯與文學意識的抗爭，用一輩子來實踐自己堅持的，終使對手王世貞為之折服，而給出了和解的讚歎。

我們常說，夢想很豐滿，現實很骨感。歸有光有計畫地講學，對於世道價值的捍衛，展現強烈的責任感與驚人的持久力，歸有光讓摩羯座知道什麼才是自己人生最值得捍衛的事了。

宅男不壞卻惹人愛——歸有光的安靜魅力

●宅男安靜的魅力

細數文學史上，你會發現有位如白紙般純情的文學宅男，他的名字就叫做歸有光。比起玩咖痞子、酷酷萬人迷，像《月薪嬌妻》中人際關係單純社交活動少的男主，水漲船高的女人緣，反而變成現代愛情市場逆勢看漲的搶手貨。

中國第一宅男歸有光（一五〇六～一五七一），字熙甫，號震川，江蘇崑山人。這位有點宅、有點木頭的可愛單純宅男，他的出生還頗有傳奇人物的異象。據說母親周氏十八歲懷著歸有光的孕期，「家數見徵瑞，有虹起於庭，其光屬天」，故名之「有光」。他的誕生也替一個日趨衰敗的大家族帶來一個翻身的希望。

歸有光歷經幼年喪母、八次科舉落第、家道衰落、叔伯不睦的挫折，壯年喪妻，他為我們示範的是——中國宅男人如何愛家、戀家。他從小到大都喜歡賴在家裡，是個安靜守分不會隨便趴趴走的「好宅」。

宅男心思單純，誰有幸陪在他身邊，就可以看見他的改變、進步與成長，這是一種買到賺到的概念，歸有光就像好老公市場不斷攀升的潛力股。因為宅，歸有光對於「家」這個書寫的題材，愛不釋手，狹小的空間藏有許多動人又溫暖的故事。因此，宅男寫家或家人都是愛之刻骨也銘心。加上歸有光對《史記》有所偏好，以五色筆圈點，推崇《史記》為大家文字，一如〈項脊軒志〉初初讀來絮絮叨叨像家庭敘事文，不加雕琢的筆法反襯情真，王夫之說：「（歸有光）以真切細膩的筆觸，記述家庭生活，蘊藉典雅，如清邀之色，一唱三嘆，意趣感人。」足見歸有光善於細節瑣語、狀人寫情，是受《史記》啟發與影響。

●天賦是刻意練習的

歸有光的宅，反而凸顯他讀書的天賦。九歲能屬文，十歲寫出洋洋灑灑千餘言的〈乞醯論〉，十一、二歲「已慨然有志古人」，十四歲應童子試，二十歲考取頭名。歸有光的宅讓他累積足夠練習的「量」，因此，弱冠通五經、三史，被視為早慧的天才。

歸有光的宅，剛好讓他走過顛簸坎坷的科舉路，直到世宗嘉靖十九年，三十五歲才中舉人。之後，經歷連續八次考進士不第，直到嘉靖四十四年，六十歲時才中進士，橫亙二十多年，堅持是恆毅力的考驗，這不只是一萬小時的「量」練習，更是從練習的「質」真正體現到《刻意練習》說的：「決定個人成就高低的關鍵所在是透過刻意練習創造本來以為自己沒有的能力，甚至達到巔峰表現。」歸有光用自己的人生證明天才與庸才之間的差別不在基因、不在天分，而在刻意練習，刻意練習不只淬鍊出「工具人」使命必達的技能，還能熬過、挺過屢考不上的打擊與冷言，最終邁入圓夢的美好旅程。

中國第一宅男的人生，一如《月薪嬌妻》男主津崎平匡說的：「本來以為做不到的事情，卻做到了。世界正在一步一步變得更寬廣。失去工作也能平穩的過生活。正是因為我信任眼前這個世界。」一個中進士卻委身為小吏，唯有光哥一人。但是，光哥相信成功是留給努力的人，即便運氣一直不站在他身邊，他仍是堅毅地走出一條正直善良的宅男之路。尤以簡潔疏淡的筆墨，把生活瑣事寫進「載道」的文章裡，這種突破讓創作更密切地和生活聯繫，描繪日常生活的篇幅短小卻刻畫細膩，表現母子、夫妻、兄弟、朋友間的情真意切。就像黃宗羲〈明文案序〉給他的評價：「議者以震川為明文第一，似矣！」宅男文風如〈先妣事略〉、〈寒花葬志〉、〈項脊軒志〉，篇篇皆如王錫爵〈歸公墓誌銘〉說的，歸有光「善於即事抒情，紆徐平淡，親切動人，所謂『無意於感人，而歡愉慘惻之思，溢於言表』」。光哥逆勢攀升「明文第一」可謂實至名歸。

●宅男人生志向的推手

宅男背後有四個重要的女人力挺著，不只是阿宅生命溫柔的陪伴，也是他面對命運挑戰的堅強後盾。他既是阿嬤寶，也是媽寶，更是妻寶。他依戀家庭，容易把家人對他的付出放在心上，他就是這三個女人專屬的，沒有人能搶尾刀。

宅男遇見的第一個奇女子，就是她的祖母。祖母出身世家大族，在家庭和人際交往中能夠獨當一面，祖母不只出得廳堂、入得廚房，說話知分寸、處事懂分寸。這樣的女人歸有光當然崇拜。只是，過往鼎盛的鐘鳴鼎食之家，如今弄得四分五裂、無人承繼先祖之志，祖母只能把希望放在歸有光的身上：「吾家讀書久不效，兒之成，則可待乎！」意思是：「我們家很久沒有人考取功名了，孩子你的成功，將指日可待了啊！」祖母到項脊軒來，鼓勵孫兒讀書求仕的體己話，孫兒歸有光聽進去了，而且放在心裡一輩子，努力實踐之。

當祖母持一象笏至，對他說：「此吾祖太常公宣德間執此以朝，他日汝當用之！」意思是：「祖母拿出祖父太常公在宣德年間帶去上朝用的象笏，對他說：以後你一定會用到它！」從這段文字你可以看到祖母慈祥中有督促，對歸有光的殷殷企盼，鼓勵宅男奮進，替家族振興的形象，栩栩如生。祖母這段話對他的影響是讓他走向考取功名、光宗耀祖的主因。

這位一生讀書無數，人格幾乎零缺點的宅男，考試運卻奇差無比，有人考輸一次，心就冷一次，歸有光屢戰屢敗，屢敗屢戰，不厭其煩地以考取進士為目標，即便做著重複一樣的事情，耗盡青春年華也不喊苦、也不會膩，這是因為祖母與他的對話，永久定格在心底。

有勇無懼的恆毅力來自於年邁祖母的心意，踏上考場，不只為了自己，也為了守護對祖母的承諾，為了家族復興的使命。有時候，我們要替歸有光的「宅」感到慶幸嗎？大門不出、二門不邁的宅感，連祖母都察覺到孫子的與眾不同，甚至還笑他說：「吾兒，久不見若影，何竟日默默在此，大類女郎也？」祖母戲謔話語的意思是說：「我的孩子，好久沒有見到你的身影了，為什麼整天默默地待在這裡，真像個女孩子呀？」歸有光性格內向，不善交際，參加鄉試卻屢次落第，造成內心的封閉。祖母委婉勸慰可愛草食男（歸有光）不能長時間待在書房，有空還是得到外界多接觸，男兒志在四方，要勇敢去闖蕩。祖母對他的牽掛、讚許、鞭策，是自己追尋光耀門楣的人生之光。

●宅男的浪漫，魏氏真的都懂

「宅」只是一種生活方式，宅不等於孤僻或是沒有朋友。光哥的個性寬容、不會斤斤計較，給人的好感度是高的。歸有光的第一任妻子魏氏，是名儒魏校的侄女，兩人的婚事是母親生前就替他聘訂的──「十六年而有婦，孺子所聘者也。」意思是：「母親去世十六年後，歸有光娶妻，這門婚事是母親生前替他事先聘定的。」歸有光和魏氏的媒妁之婚，恰好讓宅男免去追求告白的心理壓力與尷尬，魏氏的美麗與善良的性格讓宅男動心了，兩人志趣相投，心有靈犀，一坐一站，一問一答，一顰一笑，都瀰漫在粉紅泡泡中。衛氏的溫柔婉約，慧黠聰明，變成光哥最崇拜的女神──「吾妻來歸，時至軒中，從余問古事，或憑几學書。」意思是：「我的妻子嫁到我家之後，她時常來到軒中，向我問一些舊時的事情，有時伏在桌旁學寫字。」夫妻琴瑟和鳴，形影不離，時常切磋文藝，彷若無人。宅男的幸福人生降臨了，有魏氏相伴的時光是人間最美麗的時節。

生命有了魏氏的陪伴，他打從心裡感覺到歲月靜好的幸福。歸有光常在心底低嘆：「如果沒有你，我怎會有機會體驗感情的甜……」兩人是陷入初戀的濃情蜜意了，此刻的歸家家道中落、親友失和，魏氏如守護天使般的到來，讓歸有光貧乏的生命透出愛的曙光。歸有光的宅，有部分來自於自卑，自卑於家境困窘，自卑於鄉試落第的尷尬，魏氏看在眼裡，總是鼓勵他，「在我看來，你是地表最優秀的人了，你一定不是泛泛之輩。你是大丈夫要自強自立，不要為目前生活的貧困發愁……」

魏氏的循循善誘、溫柔專情，帶給他真實的穩定感外，歸有光的自信多了，笑容也燦爛了，他的視野因魏氏而開始開闊了。這份快樂是藏不住的，魏氏在甜如蜜的戀情中，整個人都變的不一樣了。回到娘家，話也多了，一被閨密套話就不自覺地說出兩人感情的繾綣——「吾妻歸寧，述諸小妹語曰：『聞姊家有閣子，且何謂閣子也？』」「閣子」（項脊軒）看似簡陋狹隘，卻因兩人的愛而富麗堂皇了。

只可惜，文科先生與文科太太的緣分維持不久，因造化弄人，魏氏因病早逝——「庭有枇杷樹，吾妻死之年手植也，今已亭亭如蓋矣。」這些文字不言情而情無限，言有盡而意無窮。意思是：「庭院中有一株枇杷樹，是我妻子去世那年她親手種植的，如今已經高高挺立著，枝葉繁茂像傘一樣了。」面對愛妻的離世，獨自一人回憶過往的行旅足跡，突然窺見枇杷樹亭亭如蓋的現實，景物依舊人事已非的苦痛，美麗少婦，如今化為一縷塵煙，說與不說，都是歸有光內心難以磨滅的悲痛。

●母親教誨從愛與榜樣開始

歸有光的母親可說是舊時代慈母首選，〈先妣事略〉提到母親來自外祖富商家庭，崇尚儉樸，無驕奢之氣，還對人充滿仁愛之心：「世居吳家橋，去縣城東南三十里。由千墩浦而南，直橋並小港以東，居人環聚，盡周氏也。外祖與其三兄皆以貲雄；敦尚簡實，與人姁姁說村中語，見子弟甥姪無不愛。」意思是：「母親一家人世代長居於吳家橋，在昆山縣城東南，離城三十里遠，經過千墩浦，到南直橋，沿著小河往東就到。村子裡聚居著許多人家，全都姓周。外祖父和他三個哥哥都因為憑財產而在當地有勢力，為人簡單樸實。外祖父待人親切常與村人閒話家常，看到小輩外甥侄子，都表現出喜愛疼惜的模樣。」在此門風成長的母親，自然培養良好德行，成為歸有光學習的榜樣。

他曾在〈先妣事略〉提及母親十六歲嫁到歸家。第二年，生下女兒淑靜。淑靜，就是歸有光的大姊。再過一年，生下他。歸母一生生育八個子女（其中一位早夭），歸有光排行老二。家中兄姊很多，母親苦於多子。

母子情深緣薄，短短八年母子互相依靠、溫馨相伴時光，對歸有光產生終生的影響。儉樸善於持家的母親短暫艱辛的一生卻處處顯現孝順公婆、待人厚道、自律樸實。母親以身作則的教養，對歸有光具潛移默化的影響。如，「有光七歲，與從兄有嘉入學，每陰風細雨，從兄輒留，有光意戀戀，不得留也。孺人中夜覺寢，促有光暗誦《孝經》，即熟讀，無一字齟齬，乃喜。」意思是：「我七歲時和堂兄有嘉進學塾讀書。每逢陰雨，堂兄總是在學塾過夜，我雖想隨之留在書塾，卻不能留住，必定要趕回家。先母在半夜醒來，就叫醒我低聲背誦《孝經》，背誦得沒有一個字錯漏，她才高興。」由此可知，母親即便家貧也要讓歸有光進學堂念書，她扮演嚴母的角色，卻從半夜陪著歸有光背誦《孝經》的細節，體會母親內藏於心的慈愛。據〈項脊軒志〉記載，歸有光曾與家中老嫗（乳母）回憶母親：「汝姊在吾懷，呱呱而泣；娘以指叩門扉曰：『兒寒乎？欲食乎？』」意思是：「姊姊在老嫗懷中，呱呱地哭泣；母親用手指敲著房門說：孩子是冷呢，還是想吃東西呢？」母親對兒女的無微不至的關懷，從小細節就能體會。

母親用行動告訴歸有光，無論家中貧富，寬厚勤勞、簡樸自持是做人最基本的準則。母親用愛與榜樣教會歸有光讀書待人、應考為官的態度，讓他一生苦人所苦，憫人所憫，良好的人格的奠基，都來自於母親的教養有功。

●萌萌的宅男純情又暖心

歸有光保有一顆堅持做自己的初心，擇善固執的性格，投射到做學問上是專注又專業，但對所關注之外的世界，卻是一無所知、一竅不通，這種性格的反差形成一種傻呆的迷人萌感。

歸有光一生結過三次婚：二十三歲時娶元配魏夫人，後魏氏卒，留下一男一女；三十歲娶了年僅十八歲的王夫人。兩人共飲過情愛的純釀，也共嘗過生活的苦澀，他們走過既同甘也共苦的歲月。當家境陷入窘迫，歸有光全靠第二任妻子王氏治田四十餘畝，督僮奴墾荒，用牛車灌水，以所收米糧供全家及弟子之食，勉強維持家計。就像邱吉爾說的，如果愛也能夠計算，那麼我欠你的實在太多。

歸有光此生若有虧欠的人，祖母、母親、兩位夫人大抵是他最想回報的人吧！

賢慧的王氏讓屢試屢敗的歸有光，有機會在嘉定專心授課，利用讀書談道，以慰考試失利的惆悵。嘉定安亭江上，明代古文大叔出招了，他實踐了「世上沒有絕望的處境，只有對處境絕望的人」。歸有光擺脫考你千遍也不厭倦的悲情，化身為教人如何寫出好文章的犀利導師！他的古文和俞仲蔚的詩歌、張子賓的制藝被譽爲「崑山三絕」。

他的課堂風景就像哲學家雅斯貝爾斯（Karl Theodor Jaspers，1883-1969）說的：「教育的本質意味著：一棵樹搖動一棵樹，一朵雲推動一朵雲，一個靈魂喚醒一個靈魂。」宅男展現一個願意用生命感動生命的老師精神，從此，宅男講學魅力席捲全國、名揚四海，生徒常數百人，被稱為震川先生。

其中最經典的事例為，徐文長（徐渭）一向對人趾高氣昂，卻對歸有光佩服肅然起敬。某日身為狀元郎的禮部侍郎諸大綬回鄉與徐文長聚會。從黃昏一直癡等到深夜，徐渭才姍姍來遲。諸大綬忍不住問了緣由，徐渭說：「避雨一士人家，見壁門懸『歸有光今歐陽子也』，回翔雒讀，不能舍去，是以遲耳。」

歸有光與第一、二任妻子感情甚篤，他在〈世美堂後記〉自謂：「生平於世，無所得意，獨有兩妻之賢，此亦釋家所謂隨意眷屬也。」面對兩任妻子的早逝，留下天人永隔的悲愴，如果說，愛情最好的結局原來並不是相守，而是你在我心底住下來了。從第一任妻子魏氏到第二任妻子王氏，都是歸有光困蹇仕途路最美麗的生命註記，愛情甜蜜的印痕是他難以承受的生命之重。

●宅到臉癱卻認真討喜

宅男個性內向、沉靜正直，卻善於觀察，因此經營少數但深入的關係，總是恰如其分。不分散注意力在表面關係上，給人靠譜的信任感。雖然在科舉考試上屢屢失意，但內向的長處，不勉強自己隨波逐流，讓他慢慢擴大舒適圈。如，嘉靖十九年（一五四〇），三十五歲的歸有光赴南京參加鄉試，主考官張治賞識他的才學與氣度，把他視爲國士，稱他是賈（誼）、董（仲舒）再世，看起來宅感十足的歸有光因為踏實穩重，給予張治強大的信賴感，故將其拔擢爲第二名的舉人。

內斂、慢熟的歸有光擁有內向氣質者鉅細靡遺的思考力，和善於傾聽的協調能力，做事如鴨子划水，常見有功。如，嘉靖三十三年（一五五四），日本倭寇入侵作亂，他入城守禦，寫下〈備倭事略〉、〈論禦倭書〉、〈上總制書〉等，精準地分析敵情，心無旁騖地專注於條陳重要的方略，向當局獻計獻策。後來他還寫下〈崑山縣倭寇始末書〉、《海上紀事十四首》等，流露出感人的愛國情操。又如〈思子亭記〉則刻畫倭寇入侵後崑山一帶「屋廬皆已焚毀，資聚皆已罄竭，父母妻子半被屠剼，村落之間哭聲相聞」生民塗炭的慘狀。沒有一顆細膩的心，敏銳的觀察，是無法寫下這些既悲切又情真的文字。

長期在安亭講學，歸有光對太湖區的水利進行仔細盤整與研究，他認爲：吳淞江是太湖的主要出海通道，一到汛期，太湖水位大漲，若拓寬吳淞江，就能解決吳淞江的淤塞問題，其他水道的問題就很容易解決。他認為：「夫水為民之害，亦為民之利，就使太湖乾枯，于民豈為利哉！」他為了人民不受水患之苦，蒐集當時相關的水利文獻，上書給兵道、知府、知縣，闡述自己的治水主張。還寫下〈水利論前〉、〈水利論後〉等，撰成《三吳水利錄》四卷，成為研究古代太湖水利的重要文獻。歸有光的一絲不苟，面容嚴肅，常被戲稱為臉癱宅男，但認真起來會「發光」的他，卻讓人忍不住走近而愛上的呀！

●宅男站在「雞蛋」的那方

村上春樹說：「以卵擊石，在高大堅硬的牆和雞蛋之間，我永遠站在雞蛋那方。」歸有光在明代做了和村上春樹一樣的人生選擇。

明代以李夢陽、何景明與李攀龍、王世貞前、後七子的復古運動，聲勢浩大，主張「文必秦漢、詩必盛唐」成為當代潮流。他卻認為，以《史記》為代表的秦漢古文雖是佳作，但是唐宋名文未嘗不值得一吮，若一味崇尚擬古，反又走向另一個死胡同。當時的王世貞是平步青雲累官至南京刑部尚書，更是文壇領袖。鄉間窮儒生歸有光卻不畏強權，與不可一世的同鄉力抗，他在〈項思堯文集序〉提出：「文章至於宋、元諸名家，其力足以追數千載之上，而與之頡頏，而世直以蚍蜉撼之，可悲也。」宅男的敘事散文，在摹古浮飾的古文風潮中，堅持走自己的路，溫柔又強悍地化身為當代第一個反抗擬古潮流的文學家。

歸有光中了三甲進士，這時的他已是耳順之年。三甲出身的歸有光，不能授館職，只能到僻遠的長興當知縣。他不但沒有畏懼，還選擇立馬上任。

老驥伏櫪的他，鍥而不捨地勇敢追夢，印證「很多失敗不是因為能力有限，而是因為沒有堅持到底」。一如《明史·歸有光傳》提到：「四十四年始成進士，授長興知縣。用古教化為治。每聽訟，引婦女兒童案前，刺刺作吳語，斷訖遣去，不具獄。大吏令不便，輒寢閣不行。有所擊斷，直行己意。大吏多惡之。調順德通判，專轄馬政。」意思是：嘉靖四十四年（一五六五），歸有光才考取進士，授官長興（今浙江湖州）知縣。他用古代一套政教理論和方法來治理長興。每次審理案件，把婦女兒童領到案前，他滿口江蘇口音，斷完案，把罪犯遣歸，不立即寫判決書。當上級的命令不切實際，就束之高閣，不去執行。與上司有所爭執，就徑自照自己的意思辦。

耿介正直、不事權貴的歸有光，學習兩漢循吏，用心治縣，深受百姓擁戴，也展現廉潔剛正的宅男魄力。他曾公開在〈長興縣編審告示〉宣布：「當職謬寄百里之命，止知奉朝廷法令，以撫養小民；不敢阿意上官，以求保薦，是非毀譽，置之度外，不恤也。」宅男安靜的魅力，傻傻向前衝的精神，樹立了「只要路是對的，就不怕路遠」的宅男形象——他不壞，卻真的很惹人愛呀！

〈項脊軒志〉

項脊軒，舊南閣子也。室僅方丈，可容一人居。百年老屋，塵泥滲漉，雨澤下注，每移案，顧視，無可置者。又北向，不能得日，日過午已昏。余稍為修葺，使不上漏；前闢四窗，垣牆周庭，以當南日；日影反照，室始洞然。又雜植蘭桂竹木於庭，舊時欄楯，亦遂增勝。借書滿架，偃仰嘯歌，冥然兀坐，萬籟有聲。而庭階寂寂，小鳥時來啄食，人至不去。三五之夜，明月半牆，桂影斑駁，風移影動，珊珊可愛。

然余居於此，多可喜，亦多可悲。先是，庭中通南北為一，迨諸父異爨，內外多置小門牆，往往而是。東犬西吠，客逾庖而宴，雞棲於廳。庭中始為籬，已為牆，凡再變矣。家有老嫗，嘗居於此。嫗，先大母婢也，乳二世，先妣撫之甚厚。室西連於中閨，先妣嘗一至。嫗每謂余曰：「某所，而母立於茲。」嫗又曰：「汝姊在吾懷，呱呱而泣；娘以指扣門扉曰：『兒寒乎？欲食乎？』吾從板外相為應答。」語未畢，余泣，嫗亦泣。余自束髮讀書軒中，一日，大母過余曰：「吾兒，久不見若影，何竟日默默在此，大類女郎也？」比去，以手闔門，自語曰：「吾家讀書久不效，兒之成，則可待乎！」頃之，持一象笏至，曰：「此吾祖太常公宣德間執此以朝，他日汝當用之。」瞻顧遺跡，如在昨日，令人長號不自禁。

軒東，故嘗為廚，人往，從軒前過。余扃牖而居，久之，能以足音辨人。軒凡四遭火，得不焚，殆有神護者。

項脊生曰：蜀清守丹穴，利甲天下，其後秦皇帝築女懷清臺。

劉玄德與曹操爭天下，諸葛孔明起隴中。方二人之昧昧於一隅也，世何足以知之？余區區處敗屋中，方揚眉瞬目，謂有奇景；人知之者，其謂與坎井之蛙何異？

余既為此志，後五年，吾妻來歸，時至軒中，從余問古事，或憑几學書。吾妻歸寧，述諸小妹語曰：「聞姊家有閣子，且何謂閣子也？」其後六年，吾妻死，室壞不修。其後二年，余久臥病無聊，乃使人復葺南閣子，其制稍異於前。然自後余多在外，不常居。

庭有枇杷樹，吾妻死之年所手植也，今已亭亭如蓋矣。

108位國內外名人、校長、主任、教師　強力推薦

各界名人（依姓氏筆劃排序）

王泓翔　宜蘭縣政府教育處處長

王勝忠　靜宜大學教育研究所兼任助理教授

安納金　暢銷作家

吳鈞堯　金鼎獎作家

李洛克　故事革命創辦人

李貞慧　高雄市立後勁國民中學教師、作家

李筱涵　國立台灣大學博士生候選人、作家

阮孝齊　新北市國家教育研究院助理研究員

易理玉　國立台灣師範大學國文系兼任講師

侯惠澤　國立台灣科技大學迷你教育遊戲團隊特聘教授

胡展誥　崑山科技大學心理師

倫雅文　中華基督教會協和小學（長沙灣）圖書館主任

徐欣怡　台北市立龍山國民中學、台北市市政顧問、台北市教師會前理事長

徐銘謙　台灣千里步道協會副執行長

高詩佳　自由作家、語文教育書籍暢銷作家

曾明騰　台中市龍津高中老師

陳志銳　南洋理工大學、新加坡國立教育學院副教授

陳欣希　台灣讀寫教學研究學會理事長

陳昭珍　國立台灣師範大學圖資系教授、教務長

陳畊仲　國立成功大學牙醫學系助理教授、牙醫師

陳舜德　輔仁大學圖資系教授、圖書館館長

曾培祐　培果工作室講師

番紅花　親職／飲食作家

蔡宗翰　高雄市政府消防局消防員、作家

蔡淇華　台中市立惠文高級中學圖書館主任、作家

嚴忠政　第二天文創執行長、詩人

校長（海內外高中、國中、國小，依姓氏筆劃排序）

吳麗琦　巴生濱華中學校長

張永慶　波德申中華中學校長

莊琇鳳　亞羅士打吉華獨立中學校長

陳志強　雙溪大年新民獨立中學校長

于賢華　新北市立淡水高級商工職業學校校長

古秀菊　新北市立海山高級中學校長

何高志　苗栗縣立大同高級中學校長

吳宗珉　新北市立竹圍高級中學校長

沈美華　新北市立三民高級中學校長

柯雅菱　新北市立中和高級中學校長

莊智鈞　台北市立大同高級中學校長

莫恒中　新北市立三重高級中學校長

陳江海　國立中興高級中學校長

曾慧媚　新北市立丹鳳高級中學校長

賴來展　新北市立金山高級中學校長
鍾雲英　新北市立清水高級中學校長
顏龍源　新北市立瑞芳高級工業職業學校校長
方麗萍　苗栗縣立公館國民中學校長
林才乂　新北市立欽賢國民中學校長
許志瑋　台中市立安和國民中學校長
陳玉桂　新北市萬里國民中學校長
舒富男　台中市立日南國民中學校長
黃美娟　新北市立文山國民中學校長
羅國誠　新北市立達觀國民中小學校長
吳惠花　新北市淡水國民小學校長
李瑞緻　彰化縣民靖國民小學校長

主任
（高中、國中、國小，依姓氏筆劃排序）

吳作楫　國立苗栗高級中學圖書館主任
孫榆婷　台北市私立泰北高級中學註冊組長
許芝薰　雲林縣私立正心高級中學圖書館主任
陳美秀　嘉義縣立永慶高級中學祕書
陳惠青　國立新竹高級工業職業學校圖書館主任
曾碩彥　新北市立海山高級中學教務主任
盧沛蓁　高雄市立前鎮高級中學圖書館主任
鍾明媛　新北市私立聖心女子高級中學教務主任
陳乃誠　新竹市立竹光國民中學資訊組長
黃秋琴　桃園市立龍潭國民中學教務主任
蔡宜芳　新北市立桃子腳國民中小學教務主任

教師

（高中、國中、國小，依姓氏筆劃排序）

王保堤　桃園市立新屋高級中學導師

朱肇維　新北市立北大高級中學教師

呂覲芬　國立台南家齊高級中學教師

李明融　台中市立沙鹿工業高級中學教師

李榮哲　台北市立建國高級中學教師

林佳樺　台北市立萬芳高級中學教師

俞松伯　宜蘭縣私立慧燈高級中學教師

洪華穗　台北市立麗山高級中學教師

紀志聰　國立北門高級中學數學老師、嘉義縣政府教育處高中課程督學

張青松　台北市立中正高級中學教師

張玲瑜　新北市立海山高級中學教師

張美慧　桃園市立武陵高級中學教師

張婷婷　新北市立清水高級中學教師

莊嘉玲　台北市立永春高級中學教師

陳盈州　國立善化高級中學教師

陳瑋馨　新北市立光復高級中學教師

陳曉芳　國立斗六高級家事商業職業學校教師

黃小萍　台北市立萬芳高級中學教師

黃月銀　台北市立中山女子高級中學教師

黃韻嫺　國立東石高級中學國文教師

黃麗禎　國立台灣師範大學附屬高級中學教師

楊朝淵　台中市立清水高級中學教師

劉重佐　雲林縣私立永年高級中學教師

蔡季延　國立潮州高級中學國文科教師、科召集人

鄧安琪　新北市立樟樹國際實創高級中等學校教師

羅琦強　新北市天主教恆毅高級中學教師

蘇健倫　桃園市立壽山高級中學教師

吳方葵　高雄市立前金國民中學教師

吳昌諭　新竹市立三民國民中學教師

吳慧玲　新北市立福營國民中學教師

官意千　嘉義市立玉山國民中學國文教師、語文資優班教師、圖書教師

林美慧　高雄市立青年國民中學教師

彭待傳　新北市立三多國民中學教師

曾期星　新北市立蘆洲國民中學國文教師、詩人

黃信銘　高雄市立左營國民中學教師

黃浩勳　台中市立沙鹿國民中學教師

黃淑卿　花蓮縣立花崗國民中學教師兼活動組長

楊君方　新北市立永和國民中學教師

葉奕緯　彰化縣立田中高級中學國中部數學教師

劉彥伶　新北市立光榮國民中學教師

蔡餘宓　台中市立居仁國民中學教師

林用正　屏東市中正國小教師

洪進益　澎湖縣石泉國小教師

陳威儀　台南市崑山國民小學教師

劉怡瑩　台中市自由國小烏石分校教師

國家圖書館出版品預行編目 (CIP) 資料

國學潮人誌，古人超有料：12 位最強男神女神，成敗起伏的生命中，有哪些與衆不同的求生姿態、不同的「潮」 / 宋怡慧作 . -- 初版 . -- 臺北市：麥田，城邦文化出版：家庭傳媒城邦分公司發行，2020.05
面；　公分 . -- (宋怡慧作品；1)
ISBN 978-986-344-753-5(平裝)
1. 人物志 2. 中國
782.2　　109002367

宋怡慧作品 1

國學潮人誌，古人超有料

12 位最強男神女神，成敗起伏的生命中，
有哪些與衆不同的求生姿態、不同的「潮」

作者　宋怡慧
責任編輯　林秀梅
版權　吳玲緯
行銷　巫維珍　蘇莞婷　何維民
業務　李再星　陳紫晴　陳美燕　馮逸華
編輯總監　劉麗真
總經理　陳逸瑛
發行人　涂玉雲
出版　麥田出版
城邦文化事業股份有限公司　104 台北市民生東路二段 141 號 5 樓
電話：(886)2-2500-7696　傳眞：(886)2-2500-1966
發行　英屬蓋曼群島商家庭傳媒股份有限公司城邦分公司
104 台北市民生東路二段 141 號 11 樓

書虫客服服務專線：(886)2-2500-7718、2500-7719
24 小時傳眞服務：(886)2-2500-1990、2500-1991
服務時間：週一至週五 09:30-12:00．13:30-17:00
郵撥帳號：19863813　戶名：書虫股份有限公司
讀者服務信箱 E-mail：service@readingclub.com.tw
麥田部落格：http://ryefield.pixnet.net/blog
麥田出版 Facebook：https://www.facebook.com/RyeField.Cite/
香港發行所／城邦（香港）出版集團有限公司
香港灣仔駱克道 193 號東超商業中心 1/F
電話：852-2508 6231　傳眞：852-2578 9337
馬新發行所／城邦（馬新）出版集團〔Cite (M) Sdn Bhd.〕
41-3, Jalan Radin Anum, Bandar Baru Sri Petaling, 57000 Kuala Lumpur, Malaysia.
電話：(603) 9056 3833　傳眞：(603) 9057 6622
E-mail：services@cite.my

設計　朱疋
繪圖　黃鈺瑄
印刷　沐春行銷創意有限公司

2020 年 5 月　初版一刷
2023 年 12 月 27 日　初版十七刷
定價　379 元
ISBN 978-986-344-753-5